HIROSHIMA

47 都道府県ご当地文化百科

広島県

丸善出版 編

丸善出版

刊行によせて

　「47都道府県百科」シリーズは、2009年から刊行が開始された小百科シリーズである。さまざまな事象、名産、物産、地理の観点から、47都道府県それぞれの地域性をあぶりだし、比較しながら解説することを趣旨とし、2024年現在、既に40冊近くを数える。

　本シリーズは主に中学・高校の学校図書館や、各自治体の公共図書館、大学図書館を中心に、郷土資料として愛蔵いただいているようである。本シリーズがそもそもそのように、各地域間を比較できるレファレンスとして計画された、という点からは望ましいと思われるが、長年にわたり、それぞれの都道府県ごとにまとめたものもあれば、自分の住んでいる都道府県について、自宅の本棚におきやすいのに、という要望が編集部に多く寄せられたそうである。

　そこで、シリーズ開始から15年を数える2024年、その要望に応え、これまでに刊行した書籍の中から30タイトルを選び、47都道府県ごとに再構成し、手に取りやすい体裁で上梓しよう、というのが本シリーズの趣旨だそうである。

　各都道府県ごとにまとめられた本シリーズの目次は、まずそれぞれの都道府県の概要（知っておきたい基礎知識）を解説したうえで、次のように構成される（カギカッコ内は元となった既刊のタイトル）。

I　歴史の文化編
　「遺跡」「国宝 / 重要文化財」「城郭」「戦国大名」「名門 / 名家」
　「博物館」「名字」
II　食の文化編
　「米 / 雑穀」「こなもの」「くだもの」「魚食」「肉食」「地鶏」「汁

物」「伝統調味料」「発酵」「和菓子／郷土菓子」「乾物／干物」

Ⅲ　営みの文化編

「伝統行事」「寺社信仰」「伝統工芸」「民話」「妖怪伝承」「高校野球」「やきもの」

Ⅳ　風景の文化編

「地名由来」「商店街」「花風景」「公園／庭園」「温泉」

　土地の過去から始まって、その土地と人によって生み出される食文化に進み、その食を生み出す人の営みに焦点を当て、さらに人の営みの舞台となる風景へと向かっていく、という体系を目論んだ構成になっているようである。

　この目次構成は、一つの都道府県の特色理解と、郷土への関心につながる展開になっていることがうかがえる。また、手に取りやすくなった本書は、それぞれの都道府県に旅するにあたって、ガイドブックと共に手元にあって、気になった風景や寺社、歴史に食べ物といったその背景を探るのにも役立つことだろう。

＊　　　　＊　　　　＊

　さて、そもそも47都道府県、とは何なのだろうか。47都道府県の地域性の比較を行うという本シリーズを再構成し、47都道府県ごとに紹介する以上、この「刊行によせて」でそのことを少し触れておく必要があるだろう。

　日本の古くからの地域区分といえば、「五畿七道と六十余州」と呼ばれる、京都を中心に道沿いに区分された8つの地域と、66の「国」ならびに2島に分かつ区分が長年にわたり用いられてきた。律令制の時代に始まる地域区分は、平安時代の国司制度はもちろんのこと、武家政権時代の国ごとの守護制度などにおいて（一部の広すぎる国、例えば陸奥などの例外はあるとはいえ）長らく政治的な区分でもあった。江戸時代以降、政治的区分としては「三百諸侯」とも称される大名家の領地区分が実効的なものとなるが、それでもなお、令制国一国を領すると見なされた大名を「国持」と称するなど、この区分は日本列島の人々の念頭に残り続けた。

　それが大きく変化するのは、明治維新からである。まず地方区分

は旧来のものにさらに「北海道」が加わり、平安時代以来の陸奥・出羽の広大な範囲が複数の「国」に分割される。政治上では、まずは京・大阪・東京の大都市である「府」、中央政府の管理下にある「県」、各大名家に統治権を返還させたものの当面存続する「藩」に分割された区分は、大名家所領を反映して飛び地が多く、中央集権のもとで中央政府の政策を地方に反映させることを目指した当時としては、極めて使いづらいものになっていた。そこで、まずはこれら藩が少し整理のうえ「県」に移行する。これがいわゆる「廃藩置県」である。これらの統合が順次進められ、時にあまりに統合しすぎて逆に非効率だと慌てつつ、1889年、ようやく1道3府43県という、現在の47の区分が確定。さらに第2次世界大戦中の1943年に東京府が「東京都」になり、これでようやく1都1道2府43県、すなわち「47都道府県」と言える状態になったのである。これが現在からおよそ80年前のことである。また、この間に地方もまとめ直され、京都を中心とみるのではなく複数のブロックで扱うことが多くなった。本シリーズで使っている区分で言えば、北海道・東北・関東・北陸・甲信・東海・近畿・中国・四国・九州及び沖縄の10地方区分だが、これは今も分け方が複数存在している。

　だいたいどのような地域区分にも言えることではあるのだが、地域区分は人が引いたものである以上、どこかで恣意的なものにはなる。一応1500年以上はある日本史において、この47都道府県という区分が定着したのはわずか80年前のことに過ぎない。かといって完全に人工的なものかと言われれば、現代の47都道府県の区分の多くが旧六十余州の境目とも微妙に合致して今も旧国名が使われることがあるという点でも、境目に自然地理的な山や川が良く用いられているという点でも、何より我々が出身地としてうっかり「○○県出身」と言ってしまう点を考えても（一部例外はあるともいうが）、それもまた否である。ひとたび生み出された地域区分は、使い続けていればそれなりの実態を持つようになるし、ましてや私たちの生活からそう簡単に逃れることはできないのである。

＊　　　＊　　　＊

　各都道府県ごとにまとめ直す、ということは、本シリーズにおい

ては「あえて」という枕詞がつくだろう。47都道府県を横断的に見てきたこれまでの既刊シリーズをいったん分解し、各都道府県ごとにまとめることで、私たちが「郷土性」と認識しているものがどのようにして構築されたのか、どのように認識しているのかを、複数のジャンルを横断することで見えてくるものがきっとあるであろう。もちろん、47都道府県すべての巻を購入して、とある県のあるジャンルと、別の県のあるジャンルを比較し、その類似性や違いを考えていくことも悪くない。あるいは、各巻ごとに精読し、県の中での違いを考えてみることも考えられるだろう。

　ともかくも、地域性を考察するということは、地域を再発見することでもある。我々が普段当たり前だと思っている地域性や郷土というものからいったん身を引きはがし、一歩引いて観察し、また戻ってくることでもある。有名な小説風に言えば、「行きて帰りし」である。

　本シリーズがそのような地域性を再発見する旅の一助となることを願いたい。

2024年5月吉日

執筆者を代表して
森 岡　　浩

目　　次

知っておきたい基礎知識　I

基本データ（面積・人口・県庁所在地・主要都市・県の植物・県の動物・該当する旧制国・大名・農産品の名産・水産品の名産・製造品出荷額）／県章／ランキング１位／地勢／主要都市／主要な国宝／県の木秘話／主な有名観光地／文化／食べ物／歴史

I　歴史の文化編　11

遺跡 12 ／国宝/重要文化財 18 ／城郭 23 ／戦国大名 30 ／名門/名家 40 ／博物館 46 ／名字 52

II　食の文化編　59

米/雑穀 60 ／こなもの 66 ／くだもの 71 ／魚食 77 ／肉食 81 ／地鶏 85 ／汁物 88 ／伝統調味料 93 ／発酵 97 ／和菓子/郷土菓子 103 ／乾物/干物 109

III　営みの文化編　113

伝統行事 114 ／寺社信仰 120 ／伝統工芸 126 ／民話 132 ／妖怪伝承 138 ／高校野球 144 ／やきもの 150

Ⅳ　風景の文化編　153

地名由来 154 ／商店街 159 ／花風景 165 ／公園/庭園 170 ／温泉 175

執筆者／出典一覧　178
索　引　180

【注】本書は既刊シリーズを再構成して都道府県ごとにまとめたものであるため、記述内容はそれぞれの巻が刊行された年時点での情報となります

広島県

知っておきたい基礎知識

- 面積：8477 km²
- 人口：272万人（2024年速報値）
- 県庁所在地：広島市
- 主要都市：福山、三原、尾道（おのみち）、東広島、廿日市（はつかいち）、呉（くれ）、大竹、三次（みよし）、庄原（しょうばら）
- 県の植物：モミジ（木・花）
- 県の動物：アビ（鳥）、カキ（魚）
- 該当する令制国：山陽道安芸国（あきのくに）（西部、三原市より西）、備後国（びんごのくに）（東部）
- 該当する大名：広島藩（福島氏、浅野氏）、福山藩（水野氏、阿部氏）など
- 農産品の名産：キャベツ、レモン、アスパラガス、トマト、ねぎ類、ホウレンソウ、和牛など
- 水産品の名産：カキ、マダイ、アナゴ、サワラ、タコ、コウイカなど
- 製造品出荷額：9兆7415億円（2020年工業統計）

● 県　章

ヒロシマの「ヒ」の字を、円を二つ重ねて図案化したもの。

I

●ランキング1位

・鋼製客船の新造　2021年発表の統計では全国シェアの67％を占める。同年の統計では同じく鋼製客船の開発と修理においても1位である。広島県と愛媛県双方に事業の中心を持つ国内最大の造船業者である今治造船をはじめとして、瀬戸内海には尾道造船や常石造船といった主要な造船業者が集中し、また本州ではなく島に本拠をもつ業者もある。

●地　勢

　中国地方のうち瀬戸内海側、いわゆる山陽の中でも中央部一帯を占める県。全体的に山岳地帯の方は中国山地の常で勾配が緩い山地が占めているものの、逆に平地もあまり大きいものがなく、安芸地域の太田川の下流に広がる広島平野、備後地域の芦田川下流にあたる福山平野などがある。このほか三原などにも平地がある。とはいえこの平地に主要都市が集中しており、例外的に内陸にやや広い平地がある西条（東広島市）や三次を除くと、備後の福山や安芸の広島、三原などはこの平地にあり、中には軍港呉や商港尾道のように、平地はないが港としての便がよいので斜面に町が発達したところまである。

　もう一つの県域の特徴は瀬戸内海に面するが故の島の多さで、愛媛県にまたがって多数の島々が存在する。大きなものだけでも、聖地として有名な厳島（宮島）、海軍の軍学校がおかれた江田島（能美島）、大崎上島と大崎下島に、尾道の対岸にある向島、因島などがあげられる。これらの島々は多数の寄港地を提供してきた一方で、島と島の間の海峡に潮流が速い難所を生み出した。特に有名なものには戦国時代に村上水軍が本拠地とした因島から能島・来島（愛媛県、芸予諸島）の海域、また平清盛による開削伝承がある音戸の瀬戸（呉市南部）などがあげられる。

　山は一応深い場所もあり、三段峡のように川沿いに渓谷をなすところもあるが、最高峰の冠山（山口県境）でも1300m強と全般に低い。ただしこのため山陽～山陰間を結ぶルートは早くから発達し、現代でも島根県石見地域の浜田と広島などとは自動車道でつながり、内陸部の三次はかつて山地中の交通の中心として栄えていた。

●主要都市

・**広島市**　太田川河口の三角州に広がる中国地方最大の都市であり、現在の都市は戦国時代末期に毛利氏によって整備が始まった城と城下に直接の由来を持つ。近代においては日露戦争における大本営の設置をきっかけにして軍事都市として発展していくが、1945年8月6日、原子爆弾の投下により数万人もの市民が犠牲となる惨禍が起こった。それゆえ、戦後の復興においても「平和都市」であることを強く自負する。

・**福山市**　備後地域南部を支配した福山藩の城下町に由来する、県内第2の都市にして備後地域の中心都市。ただしこれ以前から芦田川と山陽道の交点に草戸千軒と呼ばれる市場町などが栄えた交通の要衝である。現代においては主に鉄鋼を中心に工業都市として発展してきた。また市域には合併により、古くから備後への玄関口でもあった港町である鞆の浦を含む。

・**尾道市**　平安時代より多くの寺社が立地し、鎌倉時代初期にはすでに港があったことが記録されている備後地域の古くからの中心地。現代においては平地に恵まれた福山市に地域の最大都市の座は譲ったものの、坂の町とも称される古寺古刹や古民家が密集する風情は備後有数の観光地として知られる。また、広島と愛媛を繋ぐ架橋群「しまなみ海道」に代表される、瀬戸内海でも屈指の多島地域である。

・**三原市**　戦国時代の後期に築かれた三原城と城下町を直接の由来とする都市。近代は主に工業都市として発展した。

・**東広島市**　山陽道の宿場町にして酒造地としても名高い西条を中心に、八本松や安芸津などの周辺市町村が学園都市（広島大学の移転）構想に基づき合併して誕生した都市。近年は広島市のベットタウンともなっている。

・**呉市**　明治時代に当時の海軍軍港がおかれたことによって急速に発展した港湾都市。現代でも海上自衛隊の駐屯地がおかれている。また、工業都市としても知られるが、製鉄をはじめとしてその多くが海軍とかかわったものである。

・**廿日市市**　日本三景の一角である厳島の対岸に、平安末期以来栄えた市場町を由来とする都市。近年の合併により、厳島そのものも市域に含んだ。

・**三次市**　備後地域の北部の中心地であり、石見銀山・備後南部・広島・新見経由津山方面など各地への道が交差する地勢から内陸有数の市場町として発展した都市。

●主要な国宝

・厳島神社　広島湾の西側、廿日市市中心部の沖合に浮かぶ厳島（宮島）は古くから全島が神域として知られ、鎌倉時代の末までは人間も居住していなかった。国宝に指定されているのは本殿を中心とした建造物群であり、13世紀前半の建造。ただしその基本構成は、平安時代末の12世紀後半に権勢をふるった平清盛による造営に由来する。朱塗りの社殿をいくつかの回廊でつなぎ、満潮になると床下にまで海が満ちるようになっているその姿は、海からの参拝を前提とした、寝殿造りのような形式として名高い。

・平家納経　古代〜近世にかけて権力者が寺社参拝や造営をした際にその供養として経典などを奉納する場合がよく見られたが、これも12世紀後半の平清盛による造営の際に奉納された法華経など33巻からなる経文であり、清盛をはじめとする平家一門の書写、金銀の金具に大和絵や螺鈿による装飾など、当時の工芸の粋を尽くしたものとして知られている。平家は滅びたが、経文は厳島神社が大切に保管し、各時代の権力者や美術愛好家によって修復がなされて、現在までも残っている。

・浄土寺本堂・多宝塔　鎌倉時代後期の14世紀前半に建築された、当時の様式をよく残す寺院建築。浄土寺は寺伝においては聖徳太子の建立と伝えるが、現在につながる復興はこの鎌倉時代後期のことである。当時の尾道は付近の荘園の積出港として発展していたところで、室町時代には足利氏の保護も受けていた。尾道にはこれ以外にも、平安時代の伽藍整備と伝わる西國寺など多数の古寺があり、早くから海上交通が隆盛していた。これらの寺々と港とを結ぶ南北に主に伸びる小道「小路」は尾道を特徴づける景観として知られている。

●県の木秘話

・モミジ　秋には葉が紅く色づくことで知られる広葉樹。広島県は県の木も県の花もモミジである。紅葉の名所としては、江戸時代後期に植樹されてから有名になった宮島の紅葉谷公園や、安芸地域太田川の上流に位置する三段峡、備後地域の庄原市にある帝釈峡などがあげられる。

●主な有名観光地

・原爆ドーム・平和記念公園　原爆ドームの名で知られる建物は、本来は

4

広島県産業奨励館という名前であり、物産の陳列場や会議場として使用されていた。1945年8月6日、この建物と中にいた人々は、上空からの熱線と爆風を受けて全員が亡くなった。だが、爆風がほぼ直上から襲ったことによってドームそのものの骨組みは残り、保存をめぐる紆余曲折を経て、原爆の惨禍を伝える世界遺産として残されている。平和記念公園は本来、中島地区と呼ばれる広島市屈指の繁華街があった場所だった。

・鞆の浦　備後地域南部の沼隈半島の先には、半円形をなして島に守られた深い入江がある。ちょうど瀬戸内海の中ほどに位置するそのあたりでは東西から瀬戸内海に入る潮流がぶつかり、古くはここで潮の変わり目を待ちながら船は進んでいた。備後に古代から栄えた港町である鞆の浦はその停泊地に発展し、その交通路が鉄道に移るまで、瀬戸内有数の港町として栄え続けた。この結果、交通路から外れた鞆の浦は、古い町並みと雁木や常夜灯といった江戸時代の港湾設備がほぼ完全な状態で残る稀有な港町となって現在に至っている。

・しまなみ海道と瀬戸内諸島　芸予諸島の一帯は向島、因島、大崎上島などをはじめとして多数の島々が尾道から今治に向かって連なっている。これらの島々を繋ぐ自動車道であるしまなみ海道は1999年に全線開通し、一帯はサイクリングでも有名になっている。またこの街道沿いの生口島は、国内きってのレモンの大産地である。

・帝釈峡　庄原市にある絶景で有名な峡谷。川の侵食によって自然にできた橋や、大正時代にできた人造湖にうつるモミジも有名である。

・呉の大和ミュージアム　近代になって海軍の根拠地がおかれたことによって急速に発展した呉では、戦前において最大の軍艦ともいわれた大和が建造されたことでも知られている。その博物館が呉にはあり、また近くの江田島市にある海軍兵学校跡などの当時の建築も残されている。

●文　化

・熊野筆　安芸地域南部の熊野町は、原料が地元ではほぼ手に入らないにもかかわらず筆の生産が盛んなことで有名である。盆地で農地が少ない熊野町では農閑期には近畿に出稼ぎにいって、帰りに行商をするものが多かったのだが、その際に大和（奈良県）で盛んだった筆や墨の生産を学んで、江戸時代の末期に持ち込んで町一丸で生産を始めたことが、現在の大産地へとつながった。また、化粧用の筆も良質で知られている。

広島県　知っておきたい基礎知識　5

・稲生物怪録　内陸地域の小都市である三次には、江戸時代に稲生平太郎という武家の子息がひと月もの間妖怪に出会い続けた、という物語が残っている。この物語はやがて全国に広まることになるが、当時の三次はたたら製鉄の集散や牛馬の市で多方面から人が訪れるにぎやかな町で、そのことが物語の成立に影響しているのでは、とも言われている。

・広島東洋カープ　日本国内では珍しい市民球団（県の有力企業であるマツダも出資しているとはいえ）として知られる広島東洋カープは、安芸地域を中心に熱狂的なファンが多いことでも知られる。球団は原爆投下の少しあとに設立され、以来広島の復興と合わせて歩んできた。なお、カープの名前はかつて原爆で天守を失った広島城の別称、「鯉城」に由来する。

●食べ物

・カキ　広島湾での養殖などを中心にとれるカキは、その身は小ぶりながらも味の濃厚さで知られており、また生産量も全国トップクラスである。このほか、アナゴも名産として知られている。

・お好み焼き　大阪との間で激しい論争があることでしられる食べ物だが、広島では小麦粉の生地にキャベツや豚肉、麺を載せてソースをかけて食べるのが一般的である。一説には、造船業や鉄鋼業が盛んな広島県では焼くための鉄板が確保しやすかったことが要因の一つではいわれている。近年では広島サミットでもふるまわれた。

・もみじ饅頭　人形焼き系統の生地の中に餡子などを入れて、モミジの葉の形に焼き上げた宮島を代表する銘菓。島の紅葉谷にある旅館の女将が、旅館出入りの菓子職人だった高津常助に手土産用の菓子の開発を依頼したのが始まりとされるが、かれが特に独占などにこだわらなかったこともあり、現在では宮島・広島の一帯で幅広く販売されている。中には焼き上げた饅頭を揚げた「揚げもみじ」もある。

・西条の酒　東広島市西条のあたりは古くから開けていて酒の生産地でもあったが、江戸時代の間は数ある酒産地の一つに過ぎなかった。それが変化するのは明治時代になって酒造業への参入障壁が引き下げられた中、西条の酒造業者たちが酒造法の改良に取り組み始めてからである。現在も橙色の瓦が並ぶ蔵造の街並みが、往時よりも縮小したとはいえ残り、日本国内屈指の銘酒産地として知られている。

●歴　史

●古　代

　瀬戸内海に面した広島県には、県全域で多くの遺跡が発見されており、古いものでは全国に20例ほどしかない旧石器時代のものもある（東広島市の西カガラ遺跡）。とはいえ、勢力という点では、北に出雲、西に吉備がある安芸地域の勢力はそれらに比べれば大きなものではなかったらしい。縄文時代にかけては吉備地域から製塩が伝わっているようであり、製塩遺跡が沿岸部で多く発掘されている。やがて、古墳時代になると内陸部の江の川沿いの甲立や、西条などの各所で大規模な古墳が見つかっており、近畿地方の政権の影響が及んでいっていることを物語る。令制国は当初、安芸と吉備が置かれたようだが、7世紀の末までには吉備は備後・備中・備前の三か国に分割されていた。

　このころ、瀬戸内海は全体的に現在よりも内陸に入り込んでおり、福山平野も広島平野もそのほとんどが海であった。このため、古代官道の山陽道も現在の海岸線より内陸を走っている。備後の国府は現在の府中市（福山市の北隣）、安芸の国府は府中町（広島市の南東隣）に置かれたとみられるが、安芸については西条に一時はあったのでは、という説もある。古代官道の中でも大宰府（西海道を管轄する外交と対外交易の中心地）と京都を結ぶ最重要ルートである山陽道には、そのために多くの渡来物も入ってきた。早くから県域に荘園があり、特に早いものではすでに奈良時代から奈良西大寺の支配下となっていた牛田荘（広島市）などがあげられる。

　陸路の重視は、平安時代の中頃から次第に瀬戸内海航路の重視へと変貌していき、諸税が船で運ばれるようになる。これとほぼ同時期から長らく瀬戸内海で活躍する海賊も記録されるようになり、特に承平の乱（藤原純友の乱）では、追討のために安芸や備後でも兵が募られる事態となった。

●中　世

　荘園の拡大は平安時代を通じて続き、平家政権の時代には備後国内陸部に現代でも多数の記録が残ることで有名な荘園、大田荘が開かれている。尾道の町はこのころから、この大田荘の産物を積みだす港として栄え始めている。また、この時代に特筆すべき点としては、安芸国司の地位を獲得

広島県　知っておきたい基礎知識　7

した平清盛が、厳島神社の社殿を現代に残る形に改修し、また供養として経文を収めたことが挙げられる。平清盛は日宋貿易に力を入れたことで知られる通り、その重要な通路である瀬戸内海航路の保護・整備にも尽力しており、音戸の瀬戸を開削したという伝説の背景もそのことからきている。

この瀬戸内航路の隆盛は沿岸部各所の港の発達をもたらし、すでに述べた尾道に加え、備後では鞆の浦や、山陽道と芦田川の交点にある草戸などが、安芸では厳島対岸の廿日市や国府近くの安芸津が発展している。

この海上交通の要所としての地位は南北朝の騒乱の最中にも発揮された。一時京都を落ち延びた足利尊氏が、再び京都へと向かう途中、鞆の浦で京都から運ばれてきていた光厳上皇による新田義貞追討の院宣を受け取ったのである。つまり、京都に行く方も京都から向かう方も、瀬戸内海航路を頼りにしていたということであった。

隣接する両国の守護職は、14世紀の間はいくつかの家の間で交代したが、14世紀以降は中国地方の主要な国と同じく、山名氏が確保することになる。ところが、応仁の乱以降に山名氏の中で内紛が勃発。中国地方はその争いと、西の周防・長門を基盤とする大内氏の進出、さらに北の出雲を基盤とする尼子氏などの勢力拡大の間で国人衆がたびたび帰属を変えたり独立勢力になったりすることになる。瀬戸内海では海上に活路を見出したものも多く、「村上海賊」とも呼ばれ有名な村上氏はちょうど瀬戸内海の中ほどにあたる能島・来島・因島を中心として海上交通に多大な影響力を持った。

内陸地域には三吉氏などいくつかの豪族が勢力を持っていたが、このうち、急速に勢力を拡大させたのが安芸国北部の吉田郡山城を本拠地としていた毛利氏である。ちょうど出雲の尼子氏と西の大内氏との境界付近に領土を持っていたが、毛利元就はまず大内氏側につき勢力を拡大させ、また安芸北部の有力国衆であった吉川氏と、同じく沿岸部の三原・竹原とその周辺海運を支配していた小早川氏に息子たちを養子として送り込むことで安芸全土、さらに海運でつながる備後にも勢力を拡大した。さらに大内氏が内紛で滅亡した後には長門・周防、尼子氏の旧領である石見・出雲などにも進出し、元就の死後も勢力を拡大させて、次代の毛利輝元の代には、中国地方の大半である120万石を領土として豊臣政権にも認められる大大名となっていた。この間、織田家との戦いの直前には、室町幕府最後の将軍である足利義昭が鞆の浦に逃れている。文化的に合わせて特筆されるのは、この時期安芸では浄土真宗の信徒が大きく増えたことである。もと

もと14世紀から備後・安芸地域に布教は進んでおり（これも当初の拠点は沼隈＝鞆の浦周辺だったと伝えられる）、毛利氏も保護していたのだが、これに加えて織田家が石山本願寺を攻撃・制圧した際に多くの信徒がうつり、現代まで広島県を特徴づけている。

　もちろん、広大になった領国の整備も毛利氏は進めており、1589年には当時の領国全体のほぼ中央、太田川河口の五ヶ村を「広島」と名付けて城の建設を進め、1599年にはほぼ全体の完成を見た。

　ところがその翌年、関ヶ原の戦いが勃発。西軍の総大将であった輝元は、東軍に内通しておりかつ家臣で親族の吉川広家に与えられるはずだった長門・周防を譲られる形での大幅減封となり、新築の広島城を残して去った。

●近　世

　代わって広島城に入ったのは福島正則だったが、1619年には武家諸法度違反を理由に転封され、代わって和歌山から浅野氏が入る。これ以降の広島藩は安芸全域および備後の大半（北部の三次地域〔一時は支藩〕と尾道周辺）を支配する藩として幕末まで存続することになる。一方の備後南部では、鞆の浦から上陸した水野勝成が福山に新城を築き、現代でも特筆される福山藩の急速な城下の整備や領内の発展の基盤を築いた（余談だが、水野勝成は前半生が破天荒なことで名高く、現代も話題の種になっている）。

　瀬戸内海航路は江戸時代初期の航路整備により、日本海側と大坂とをつなぐ西廻り航路の一部として多くの船が行き来する物流の大動脈となった。この時代にも鞆の浦や尾道、大崎下島の御手洗といった都市の隆盛が多く記録されており、福山や広島の城下町も西国街道（山陽道）と河川との交点にあたりにぎわった。尾道はこの時期には、季節風の激しい日本海を避けて陸路を運ばれた石見銀の積出港としての役割も担っている。

　また、この時期特筆されるのが、平野の大きな拡大である。中国地方のみならず日本全土で広がっていた森林の伐採の影響で、この時代は全国的に河川による土砂堆積が増加していることが確認されているのだが、特にそもそも真砂土と呼ばれる侵食されやすい土が多いこと、太田川では地域特産のたたら製鉄でも土砂が増えたこと、入江の浅いところが瀬戸内海周辺では多いことなどが重なり、この時代に一気に沿岸の埋め立てや干拓が進み、新田や塩田に利用された。現在の三原や竹原に広がる平地や、福山平野はこの時期にその大半が成立したとみられ、広島平野に至っては城下

町からの拡大が当時島だった江波や黄金山を陸続きにしたほどであった。

● 近　代

　福山からは幕末に、藩主阿部正弘が幕政の重要人物として活躍している。安芸は長州藩の隣にあたるため、幕末の二度にわたる長州攻めでは出兵には乗り気ではなかったものの、その攻め手の一端となった。特に1866年の第二次長州征伐では、西境の大竹が戦場となって甚大な被害が出ている。また出兵に伴う農兵の徴兵や金銭の徴収により、藩内は大きく混乱し、また長年の財政難をさらに悪化させる事態となったまま、明治維新を迎えた。

　廃藩置県では、他地域同様に旧藩に基づく諸県が設置されたのち、1871年に旧広島藩領（安芸と備後の大半）を中心とする広島県と、旧福山藩領と備中全域を管轄する深津県（小田県）が設置された。1875年に小田県が岡山県に合併、さらに1876年に旧備後国にあたる地域が広島県に編入され、これにより現在の県域がほぼ確定する。

　これ以降の広島県は、沿岸部の工業・製造業と、内陸部の農林水産業を中心に発展する。戦前においては、特に塩の生産が大きく、またこの時代に西条の酒が全国でも有数のものと全国に見なされるに至った。加えて、工業などに大きく影響したのが1894年に日清戦争大本営が広島に設置されたことである。当時広島が山陽本線の終点であり、また、その数年前に港の大規模な改修がなされていたことが要因だったが、これを機に広島には軍需を満たす工業が立地された。加えて、その少し前の1889年に海軍の呉鎮守府が設置されていたこともあり、その造船や製鉄業も立地した。このような経済基盤の整備が第二次世界大戦後の広島県が中国地方最大の県とみなされる基盤にもなっている。一方で、1945年8月6日に広島市への原子爆弾による無差別攻撃により、同年末までに約14万人が亡くなられ、2023年までに広島市原爆死亡者名簿に登載された原爆死没者は33万9227人に及ぶ。

　現代の広島県は、瀬戸内海を中心とした多島海の美しさや港をはじめとした古い町並み、平和都市としての広島と世界遺産宮島の観光など、多くの人々をひきつける県である。

【参考文献】
・岸田裕之編『広島県の歴史』山川出版社、2012
・広島県史編さん室『広島県史年表』1984

I

歴史の文化編

遺　跡

矢谷古墳（特殊器台と特殊壺）

地域の特色　広島県は、瀬戸内海に面し、中国地方の中央に位置する。山陽道のほぼ中央を占め、東は岡山、北は中国山地を境として鳥取県・島根県、西は山口県に接し、南は瀬戸内海を挟んで香川・愛媛両県に対する。地形において特徴的なのは、北東〜南西方向に延長する中国山地と平行に形成された階段状地形で、道後山、冠山を主峰とする脊梁山地面（標高1,000〜1,300m）、世羅台地を含む緩斜面の吉備高原面（標高400〜600m）、山麓平坦部の瀬戸内面（高度200m以下）の3つに大別されている。平野部は河川の河口付近に限られ、世羅台地を源とする芦田川、加茂台地を源とする沼田川、県西北部の冠山（1,339m）に発する大田川などの流域に遺跡が認められ、平野に臨む低い丘陵上に弥生時代の遺跡が分布する。

　他方、日本海側へ注ぐ江川は全長206kmで、中国地方最大の河川であり、脊梁山地の阿佐山付近を源として、島根県江津市で日本海に注ぐ。水量が豊かで勾配もゆるやかであり、古来より水運が発達し、山陰と山陽の連絡に大きな役割を果たしてきたと考えられる。流域の三次盆地を中心に遺跡が分布し、特に古墳の分布は県域に1万基ほどが確認されるなかで、約3,000基が集中していることは注目される。また、中国山地一帯は全体的に風化花崗岩が分布し、砂鉄を多く含む。そのため古くから砂鉄採取と鑪製鉄が発達した。備北山地では粗粒質花崗岩が深層風化を受けた「荒真砂」には砂鉄が多く含まれ、玉鋼の原料となったという。その採掘によって多くの山間部の土砂が流出し、河床上昇や沖積平野の拡大につながったとする研究もある。

　古代律令期においては、県域の西側に安芸国、東側に備後国が置かれ、沿岸・島嶼部に早くから荘園が拓かれた。中世以降、安芸国は武田氏、備後国は山名氏が治めるも、戦国時代に入ると山陰の尼子を含めて、大内・武田・尼子・山名の勢力が相互に絡み合い、複雑化した。その後、毛利氏

12　　凡例　史：国特別史跡・国史跡に指定されている遺跡

が中国10カ国にまたがる大領国を形成するに至る。関ヶ原の戦い後、安芸・備後49万8,000石あまりを福島正則が治めたが、1619（元和5）年改易され、浅野長晟が紀州より入り、備後国の一部とともに領した。備後国の残り10万石は水野勝成が入り、福山藩となる。また、長晟の死後、子長治に5万石を分知し、三次藩ができるが、5代後嗣子がなく本藩へ還付された。1871年の廃藩置県により広島藩は広島県となり、1876年、旧福山藩とその他備後国の残りを併合して県域が確定した。

主な遺跡

帝釈馬渡岩陰遺跡

*庄原市：帝釈川支流の馬渡川右岸、標高約450mに位置　**時代** 旧石器時代後期〜縄文時代前期

　帝釈峡遺跡群と総称される遺跡群のうち、最初に発掘が行われた。1961年に林道工事に伴い発見され、62年に発掘調査が行われた。石灰岩の岩陰、長さ10m、奥行3mの範囲に、5つの文化層に分けられる厚さ3mの遺物包含層が確認された。旧石器時代から縄文時代前期への推移を見ることができ、最下層の5層からは横剥ぎの削器、剥片、4層からは有茎尖頭器、石鏃、無文平底土器が出土している。また、この2層からは、オオツノジカの骨が出土している。このほか、帝釈寄倉岩陰遺跡（庄原市、国史跡）からは、縄文時代早期から晩期までの文化層が確認され、瀬戸内地域の土器編年を層位的にとらえるうえで貴重な資料となった。また、縄文時代後期後半の層から、50体近い人骨が2カ所集積されるかたちで検出され、その年齢構成から各群が成人と幼児という違いにより区分されていた可能性が指摘されており、興味深い。また、名越岩陰遺跡（庄原市）では、縄文早期から弥生中期の層が検出され、特に縄文中期〜晩期の層より、岩庇の直下に柱穴列を検出し、岩陰前面を仕切って居住していた可能性を示唆している。内部には貯蔵穴と思われる土坑も認められ、焼土や灰は柱列外より検出されているという。また、縄文晩期後半の土器底部にモミ圧痕が認められている。県東北部の吉備石灰岩台地、帝釈川の渓谷周辺には40カ所以上の洞窟、岩陰遺跡が発見されており、旧石器時代から弥生時代へかけての人々の活動をとらえるうえで、きわめて貴重な知見を提示している。

洗谷貝塚

*福山市：福山湾西岸の沼隈半島東縁、扇状地上、標高3〜8mに位置　**時代** 縄文時代早期〜後期

　1976年の福山市教育委員会の調査により、厚さ約1m、東西40m、南北

50mを範囲とする貝層が認められており、県内有数の貝塚である。貝層下の径40〜70cm、深さ20cmの土坑2基から、一辺10〜30cmのサヌカイトの板材原石が合計34枚、45kg分検出された。遺物では、土器のほか石錘、骨角器の釣針、貝輪などが検出されている。貝層はハイガイ、マガキ、ハマグリを主体とし、アカニシ、オキシジミなどが含まれ、魚類（マダイ・クロダイ・エイなど）、獣類（イノシシ・シカなど）が認められる。特筆されるのは、底部に複数の穿孔を焼成前に施した「多孔底土器」が検出されたことで、内面には炭化物が付着していた。類例としては、松永湾西岸、丘陵先端の微高地、標高3mに位置する大田貝塚（尾道市）でも認められている。なお、大田貝塚は縄文時代前期〜後期に相当し、1925年、形質人類学者の清野謙次によって調査が行われた。後の調査も含めて74体の人骨が検出され、いわゆる日本人種論の議論の基となった人骨として、学史的に重要である。土器、石鏃、石斧など遺物も検出されているが、遺跡の詳細は不明な点も多い。

歳の神遺跡群
＊山県郡北広島町：可愛川の南、低丘陵の尾根と斜面、標高290〜300mに位置　時代 弥生時代後期

1984年、県営工業団地の造成に伴い発掘調査が行われた。歳の神東遺跡は墳墓群、歳の神西遺跡は住居跡や古墳を主体とする。東遺跡には5群の墳墓群があり、このうち3号・4号墳墓群は、四隅突出型方形墓を築造し、前者は箱式石棺2基、土坑墓1基、後者は箱式石棺6基、土坑墓2基が主体部に認められた。四隅突出墓の形態としては古式として評価されており、県内には田尻山1号方形墓（庄原市）、矢谷古墳（三次市）、宗佑池西1号方形墓（三次市）など事例が多い。矢谷古墳では周溝から吉備に親縁性をもつ特殊器台と底を穿孔された特殊壺が、主体部から出雲系の鼓型器台が認められるなど、他地域との交流を示唆している。島根県、鳥取県をはじめ山陰地方にも四隅突出墓が認められているが、広島県の事例はやや古い時代のものと評価されており、今後の研究が期待される。

西山貝塚
＊広島市：大田川を見下ろす茶磨山の山上、標高約61mに位置　時代 弥生時代後期

1964年、地元の中学生が巴形銅器を採集したことがきっかけで、1965年、72年に広島大学によって発掘調査が実施された。5カ所の貝塚を有し、最大は東西稜線の東斜面、南北25m、東西20mの規模を呈する。カキやハマグリが主体で、2層に分けられる。大量の弥生土器のほか、巴形銅器、銅鏃、板状鉄斧、鑓、鉄鏃、骨鏃、土製品などが検出された。隅丸方

形の竪穴住居1軒も認められている。いわゆる「高地性集落」と考えられ、近隣には畳谷遺跡（広島市）（標高約110m）や恵下山遺跡（広島市）（標高50〜70m）など広島湾をめぐる沖積低地に接する丘陵状に複数確認されている。

三ッ城古墳
*東広島市：西条盆地の南縁丘陵の先端、標高約225mに位置　時代 古墳時代中期　史

　1951年に発掘調査が実施され、後円部頂上に3基の埋葬施設をもつ3段築成の古墳であることが明らかとなった。南西から北東へ延びる小支丘を利用して構築され、全長約92m、前方部幅約67m、高さ約11m、後円部径約62m、高さ約13mを測り、くびれ部につくり出しをもつ。中心の主体と想定される後円部の2号箱式石棺からは、人骨（男性）、勾玉、丸玉、銅釧、竹櫛、鉄刀、刀子が出土し、1号箱式石棺からも人骨（女性）、珠文鏡、勾玉、管玉、棺外からも鉄刀が出土した。1・2号は石槨状の石組をもつが、3号箱式石棺には認められなかった。遺物は勾玉、丸玉、銅釧、棗玉、鉄剣、鉄鏃、棺外から鉄矛、鉄鏃が出土した。墳丘には葺石、円筒埴輪列が設けられていた。北西のくびれ部のつくり出しには、方形（1辺約8m）の円筒埴輪列があり、土師器や須恵器も出土している。おおむね5世紀後半と想定され、県内最大の規模を誇る。墳丘など公園整備が進む。

二子塚古墳
*福山市：芦田川支流服部川右岸、丘陵尾根の先端部、標高55mに位置　時代 古墳時代後期　史

　東西軸の全長約66m、後円部径45m、高さ6.5mで、埋葬施設は後円部に築かれる。両袖式横穴式石室であり、古墳の主軸と直交するかたちで、南に開口し全長13mを呈する。花崗岩により構築されている。備後地域では最大級の規模であり、遺物が不詳であるため構築年代は明確ではないが、6世紀後半の首長墓として評価されている。

　この古墳付近には古墳群があり、団地造成で消滅した池ノ内遺跡群（福山市駅家町、才谷古墳群4基・手坊谷古墳群5基・池ノ内古墳群4基）など箱式石棺を主体とする5世紀後半から6世紀前半に構築された小円墳や、6世紀中頃築造と想定され、備南地方最古の横穴式石室をもつ山の神古墳（福山市駅家町）や芦田川流域に特徴的な横口式石槨を有する尾市古墳（福山市新市町）など、この地域を拠点とした集団の存在をうかがわせる。特に尾市古墳は、1984年の調査で出土した須恵器から7世紀後半の築造と考えられるが、花崗岩切石で羨道と含めて十字形に石室が配置され、墳形が

I　歴史の文化編　15

多角形を志向するなど畿内の影響が認められた終末期古墳と評価でき、畿内との密接な関わりを示唆している。

梅木平古墳
ばい き ひら

＊三原市：丘陵南側の斜面、標高60mに位置
時代 古墳時代後期

広島県最大級の横穴式石室をもつ。旧本郷町下北方字梅木に所在。墳形は開墾などで不明だが、主体となる石室は東に開口し、全長約13.3m、幅約3m、高さ約4.2mを測る。玄室奥の両袖に石柱を設け、羨道と区分している。石積みはやや粗雑だが、奥壁は巨石を3段、側壁は3段および4段で積まれており、巨石の隙間に小石を補填する。玄室の天井石は4枚、羨道も4枚で構築される。遺物は認められていないが、6世紀後半の首長墓として評価されている。なお、石室内の見学が可能である。県指定史跡。

近隣の尾原川右岸に位置する御年代古墳（三原市、国指定史跡）は、石室の全長が約10.8mで、両袖式石室を呈する。前後に区分された玄室が2室設けられ、刳抜式家形石棺が両室に置かれている。石室、石棺とも石材は花崗岩で、切石の整美さが注目される。副葬品として、鞍金具、雲珠、辻金具や子もち須恵器が検出されており、7世紀前半に畿内の影響を受けて構築された終末期古墳として評価されている。旧本郷町域の沼田川の支流梨和川や尾原川の谷あいには、家形石棺などを納める横穴式石室をもつ後期古墳が分布し、石棺の材質が竜山石（兵庫県加古川付近で産出）であることから、畿内との密接な関係を示唆するものとして注目されている。

寺町廃寺跡
てらまちはい じ あと

＊三次市：三次盆地東端の丘陵の南端平坦地、標高約240mに位置 時代 白鳳時代～平安時代初期 史

1975年より継続的に発掘調査が行われ、法起寺式伽藍配置の様相が確認された。東側に塔跡や金堂、講堂など塼積基壇が検出され、7世紀中葉の寺院跡と評価され、県内最古級の寺院跡遺跡である。出土遺物には、単弁、複弁からなる蓮華文軒丸瓦、鴟尾、小仏頭などが出土しているが、特に軒丸瓦は、瓦当面の下端に、いわゆる「水切り」と呼ばれる削り出しが認められる。平安時代の説話集『日本霊異記』に記される備後三谿寺に比定されており、百済の僧弘済の招請など、朝鮮半島との直接的な関連を示す寺院である。なお、寺院跡の北西約1.2kmには寺町廃寺跡へ瓦を供給した大当瓦窯跡（三次市）が確認されている。こうした「水切り瓦」は岡山県や島根県でも出土が確認されており、寺院文化の広がりとして興味深い。

草戸千軒遺跡
くさ ど せんげん

＊福山市：芦田川床に存在　**時代** 平安時代末期～江戸時代前期

　戦前に芦田川の付替え工事に際して墓石や陶磁器が発見され、1961年、62年より福山市教育委員会が発掘を行い、遺跡の存在が確認された。68年からは河川改修に伴い広島県教育委員会が調査にあたり、73年以降は広島県草戸千軒町遺跡調査研究所により、継続的な発掘調査が進められた。

　町の遺構は数層にわたって存在し、最下層には平安時代末期の建物跡や井戸、溝が検出されている。室町時代前半～後期の遺構は数多く検出されており、特に後半には石敷道路や柵、溝で囲まれた町割が認められた。刀鍛冶に関わる道具や土師器・漆器製作工具も散布しており、日常の生活財を含めて各家の生活を偲ばせる。

　幾度かの洪水を経験していることが知られ、文献（福山藩士宮原直倁が記した自稿本『備陽六郡誌』）によると、1673年（延宝元）年に洪水によって廃滅したとされる。また、多くの中国・朝鮮の陶磁器や渡来銭、4,000点を超える墨書木札が出土し、周辺地域の物資の集積や各地との貿易など、貨幣経済の盛行を知るうえで貴重な遺跡といえる。

I　歴史の文化編　**17**

国宝／重要文化財

平家納経

地域の特性

　中国地方の中央南部に位置し、南側が瀬戸内海に面して、島嶼部を含む。北側と西側に中国山地の脊梁が東西に走り、中央に吉備高原が広がる。吉備高原から北流して日本海に流入する江川流域に、三次盆地がある。瀬戸内海に東から順に芦田川、沼田川、太田川が注ぎ、芦田川の河口に福山平野、太田川の河口に広島平野が形成されている。盆地や平野の面積は乏しい。県西部は広島平野を中心に、官営広島紡績所と呉海軍工廠を端緒にして近代工業が急速に展開した。県南東部は隣接する岡山県との結びつきが強く、福山を中核に伝統産業や商品作物の育成が盛んである。県北東部の山間地域は、零細な稲作農業が主体で過疎が進んでいる。

　古代律令制の衰退により瀬戸内海に横行した海賊を、平正盛、平忠盛、平清盛が討ち、平氏は西国に基盤を築いた。中世には、海上交通の要衝に海賊衆という海辺の武士団が組織され、中でも因島の村上氏と竹原の小早川氏が勢力を誇った。室町時代に毛利氏が勢力を伸ばして中国地方一円を支配する戦国大名となり、広島に壮大な居城を築いた。しかし毛利氏は関ヶ原の戦いで西軍に加担したため、領国の多くを失って広島を去った。江戸時代には、福山藩10万石と浅野氏の広島藩42万6,000石が置かれた。明治維新の廃藩置県で福山県と広島県が設置された後、1876年に現在の広島県に統合された。

国宝／重要文化財の特色

　美術工芸品の国宝は12件、重要文化財は136件である。建造物の国宝は7件、重要文化財は55件である。概して古い寺院建築が比較的多く残っている。平清盛が造営に深く関与した厳島神社、足利尊氏の庇護を受けた浄土寺、20世紀になって瀬戸田町生口島に建立された耕三寺に国宝／重要文化財が多くある。

18　　凡例　●：国宝、◎：重要文化財

●平家納経

廿日市市の厳島神社の所蔵。平安時代後期の絵画。平清盛が一門の繁栄を祈って1164年に厳島神社に奉納した経巻で、法華経28品、無量義経と観普賢経の開結2経、それに阿弥陀経、般若心経、清盛の願文を合わせて33巻からなる。厳島神社の本地仏である十一面観音になぞって33巻とし、同族縁者の間で一人1巻ずつ分担書写する一品経である。表紙・見返し・本文料紙にはさまざまな絵画や文様が繊細に描かれ、表紙には書名を記した重厚な題簽と八双、軸には水晶の軸首や軸木に透彫金具が付く。例えば分別功徳品第17の見返しには、蓮の葉が茂る蓮池の岸辺で、左上を向く尼と貴族装束の男女が大和絵風に描かれ、全体に金銀の切箔が散りばめられている。本文の金の界線上下欄外はリンドウや朝顔などの花で彩られ、最後の行の奥書には「左衛門少尉平　盛国」と自筆位署がある。平盛国は清盛の重臣で、平家納経の作成に深く関わった人物と目されている。清盛は盛国邸で息を引き取ったとされ、また平氏滅亡後、盛国は捕らえられて鎌倉に送られたが、断食して命を絶ったとも伝えられている。西海の海賊追捕によって勢力基盤を固めた平氏一門が、善美をつくして制作した装飾経であり、権勢を誇示するかのように、平安時代の装飾美術の粋を集めた逸品である。

◎釈迦如来坐像

瀬戸田町の耕三寺博物館の所蔵。平安時代後期の彫刻。耕三寺は、鉄鋼業で成功した金本耕三が、母の菩提を弔うためみずから開山住職となって1936年から建立した寺院で、20棟以上の建造物が建っている。これらの建造物は、飛鳥時代から江戸時代までの代表的寺社建築を模して造営された。釈迦如来坐像は、本堂東翼廊に安置されている。像高233cmの大きな丈六の仏像で、顔が大きく、頬の張った平安時代後期の定朝様を示している。寺伝によると、この仏像は奈良県興福寺の講堂の本尊だったのだが、堂の埋滅により東京国立博物館に寄託されていたのを、1949年末に奉安したという。金剛館には多数の重要文化財が展示されている。阿弥陀如来坐像は快慶作で、像高74cm、頭部の髻を高く結い、衲衣で両肩を覆う通肩にして、坐って膝の上で手に定印の印相を結ぶ宝冠の阿弥陀像である。銘文によると1201年に、静岡県の伊豆走湯山（伊豆山神社）常行堂の本尊として制作された。秀麗な顔貌の作品である。浄土曼荼羅刻出龕は白檀製の小型厨子で、阿弥陀三尊をはじめ、10大弟子、25菩薩、4天、2力士などの諸尊や、鳳首の舟が3段にわたって克明に彫り起され、極楽浄土が表現されている。

Ⅰ　歴史の文化編　19

上段三尊宮殿前で列をなす10人の僧侶は、念仏を唱えながら堂内をめぐると浄土へ行けるという、平安時代後期から流行した常行三昧の様子を伝える貴重な場面である。銘文によると和歌山県の高野山無量寿院に伝来した。

◎草戸千軒町遺跡出土品

福山市の広島県立歴史博物館で収蔵・展示。鎌倉時代から室町時代の考古資料。草戸千軒町遺跡は、福山市街西側を流れる芦田川河口付近の、川底に埋もれていた中世の集落遺跡だった。近くに本堂、三重塔のある古刹明王院（常福寺）が位置している。1961年から発掘が開始され、約30年間にわたって66,925m²が調査された。発掘によって、集落は13世紀中頃から年貢などの積出し港として発展し、福山湾岸の地域経済の拠点となったものの、16世紀初頭には衰退したことが判明した。出土遺物は100万点に及び、そのうち2,930点が重要文化財となった。土師器、須恵器、瀬戸・美濃の陶器、中国・朝鮮産の青磁、瓦、土錘、塑像片などの土製品、櫛、扇、下駄、折敷（角盆）、曲物、木簡、呪符、板塔婆などの木製品、椀や皿などの漆器、石鍋、硯、砥石などの石製品、簪、毛抜、鍋、刀装具などの金属製品、そのほか双六駒や藁草履など、多種多様な生活用品が出土した。発掘成果をもとに集落の一角が実物大で、同館内に復元されている。草戸千軒町遺跡の発掘で中世史研究が飛躍的に進展し、以後全国で中世遺跡の発掘が実施されるようになった。

●浄土寺本堂

尾道市にある。鎌倉時代後期の寺院。浄土寺は足利尊氏の庇護を受け、また瀬戸内海の要衝である尾道の繁栄を享受した古刹である。1325年の大火で伽藍が焼失すると、尾道の富豪道蓮・道性夫妻を中心にして、ただちに本堂、多宝塔が再興された。階段を上って山門をくぐると、正面に本堂と阿弥陀堂が並び、その横に多宝塔が立つ。本堂は方5間の入母屋造で本瓦葺、正面に1間の向拝が付き、周囲に高欄付き縁が回る。内部は前側2間通りを外陣とし、奥に方3間の内陣を設けて両側は1間通りの脇陣である。外陣には2本の母屋隅柱が残る。外陣の天井は外側庇部分が化粧垂木を見せる化粧屋根裏、内側母屋部分は格子状の組入天井で、天井を支える太くてどっしりとした大仏様の虹梁が見える。内陣は上部に梁がなく、天井は折上小組格天井で、中央はさらに折り上げて二重折上小組格天井にする。須弥壇上の春日厨子には十一面観音菩薩立像が安置されている。豪壮な外陣に対して、内

陣は繊細優美である。和様を基調に細部に大仏様を取り入れた折衷様の建築様式である。

●厳島神社

廿日市市にある。室町時代後期の神社。社殿が海上に浮かぶ宮島の風景は、松島、天橋立とともに日本三景と称されるほど風光明媚である。古くは島の弥山あるいは島全体を神聖視して対岸の地御前神社から拝んで、厳島神社は内宮、地御前神社は外宮と呼ばれていた。島上に建てるのをはばかり、海中に社殿を建てたと考えられている。平安時代後期に平氏の庇護を受けて大規模に整備された。社殿は宮島の北岸入江に建ち、本社に本殿、幣殿、拝殿、祓殿、東側の摂社客神社に本殿、幣殿、拝殿、祓殿が並んで、回廊によって結ばれる。本社本殿は桁行9間、梁間4間で、切妻造の前後の屋根に庇を延長した両流造である。7間と2間の母屋内陣は床を高くして、前面に菱格子戸がある。拝殿は本殿よりもやや大きい。その前の祓殿は桁行6間、梁間3間の入母屋造で妻入り、四方に壁がなく開放されている。客神社は本社と同じ構成で、規模を小さくしている。本社本殿は毛利元就によって1571年に再建されたが、ほかの建物の造営時期については不明である。宮島は神仏習合の大きな霊場だったが、明治維新の廃仏毀釈で大聖院や大願寺は分離され、五重塔、多宝塔、千畳閣（大経堂）からは仏像が除去されるなど、かなり変貌した。

◎広島平和記念資料館

広島市にある。昭和時代の文化施設。世界的に有名な建築家丹下健三が設計した博物館で、1955年に開館した。丹下にとって最初の出発点となった作品である。原爆で廃墟となった広島に、爆心地近くに平和公園が計画された。広島市中央を東西に走る平和大通りの北側に、中央に資料館、東に本館、西に会議場を東西1列に並べ、平和公園への入口とした。公園中央に慰霊碑が建てられ、資料館から慰霊碑、原爆ドームへと南北にのぞむ。原案で、さらに北側へ太田川対岸一帯にさまざまな文化施設が構想され、丹下独特の線的プランの展開がうかがえる。平和大橋と西平和大橋の設計にイサム・ノグチを推奨したのも丹下だったという。資料館は東西約82m、南北約18mの細長い簡素な2階建で、1階に壁はなく開放されている。

Ⅰ　歴史の文化編

☞ そのほかの主な国宝 / 重要文化財一覧

	時 代	種 別	名 称	保管・所有
1	弥 生	考古資料	◎矢谷古墳出土甕	みよし風土記の丘・歴史民俗資料館
2	平 安	絵 画	●絹本著色普賢延命像	持光寺
3	平 安	彫 刻	◎木造薬師如来坐像	大願寺
4	平 安	彫 刻	◎木造薬師如来及両脇侍像	千代田町
5	平 安	彫 刻	◎木造千手観音立像	光明寺
6	平 安	典 籍	●紺紙金字法華経・紺紙金字観普賢経	厳島神社
7	鎌 倉	彫 刻	◎木造法燈国師坐像	安国寺
8	鎌 倉	工芸品	●金銅密教法具	厳島神社
9	鎌 倉	歴史資料	◎阿弥陀経板木	御調八幡宮
10	南北朝	絵 画	◎絹本著色大通神師像	仏通寺
11	桃 山	絵 画	◎絹本著色小早川隆景像	米山寺
12	江 戸	歴史資料	◎身幹儀（星野木骨）	広島大学医学資料館
13	中国／元	工芸品	◎孔雀戧金経箱	浄土寺
14	朝鮮／高麗	工芸品	◎銅鐘	照蓮寺
15	鎌倉後期	石 塔	◎光明坊十三重塔	光明坊
16	鎌倉後期	寺 院	●明王院本堂	明王院
17	室町前期	寺 院	◎西国寺金堂	西国寺
18	室町中期	寺 院	◎安国寺釈迦堂	安国寺
19	室町中期	寺 院	●向上寺三重塔	向上寺
20	室町中期	寺 院	◎西郷寺本堂	西郷寺
21	室町後期	寺 院	◎円通寺本堂	円通寺
22	室町後期	寺 院	●不動院金堂	不動院
23	室町後期	寺 院	◎磐台寺観音堂	磐台寺
24	室町後期	神 社	◎桂濱神社本殿	桂濱神社
25	江戸中期〜末期	民 家	◎太田家住宅（福山市鞆町）	―

広島城天守

城郭

地域の特色

　広島県は安芸国と備後国からなる(地元では芸備という)。北は山陰の地で伯耆(鳥取県西部)・出雲(島根県東部)・石見(島根県西部)と、南西に周防国東部(山口県岩国市)と接する。藤原純友の乱での海上戦闘、平清盛の厳島神社参詣への海路などから、古代には海賊衆(水軍)が存在したと考えられる。中世になると因島の青陰城の村上氏、三原の小早川氏、倉橋島の多賀谷氏、江田島の久枝氏、能美島の山野井氏がみられる。

　鎌倉幕府は諸国に守護と地頭を置く勅許を得たが、このとき沼田小早川氏が高山城、山内首藤氏は庄原の甲山城、大庭氏が福山市本郷町大庭山城、三吉氏が三次市に比叡尾山城を構えた。また、承久の乱後に新補地頭が諸国に配属され、竹原小早川氏が木村城、平賀氏が御薗宇城、毛利氏が吉田郡山城、熊谷氏が三入荘伊勢ヶ坪城、吉川氏が大朝本庄の館などに居を構えた。芸備各地の在地領主層は、南北朝期に宮方(南朝方)と武家方(北朝方)側、吉川氏に分かれた。因島村上氏は伊予河野氏とともに宮方に、三入荘熊谷氏も宮方で矢野城に楯籠った。一方、安芸守護武田信武は武家方で、毛利・吉川氏と共に銀山城を戦闘拠点とした。山内首藤氏と安芸小早川氏は惣領体制が崩れ、庶子たちが独立の動きが現れた。足利尊氏は貞和5(1349)年、足利直冬を中国探題に任命。備後鞆に探題を置き在地領主の動きを封じた。足利幕府は今川了俊(足利貞世)など側近を守護に任じた。安芸武田氏は承久の乱以降西遷し土着、銀山城を本拠とした。

　応仁の乱後、土一揆が起こる中、守護大名が没落する。安芸武田氏、備後守護山名氏も在地領主層の勢力に脅かされ、やがて毛利氏が登場する。毛利氏の由来は宝治元(1247)年に遡り吉田荘の地頭職になり土着。周辺に庶家を配し、血縁的に結びつきのある集団組織を、惣領家と庶子家の結束力で大きな武士団に成長させる。毛利元就は天文23(1554)年、尼子家内紛を契機に挙兵して戦国大名に成長した。

Ⅰ　歴史の文化編

主な城

神辺城
かんなべ

別名 村尾城、黄葉山城、楓山城など　**所在** 福山市神辺町
遺構 空堀、石垣

　鞆・尾道は中世以来、瀬戸内海の要港だった。神辺城の始まりは、北にある朝山景連の古城山城だったといわれる。その後、嘉吉の乱における赤松氏追討の山名氏の居城になった。

　慶長5 (1600) 年関ヶ原の戦いで敗れた毛利氏に代わり、備後安芸両国は福島正則の所領となった。神辺城には筆頭家老の福島正澄が城代となった。このときに石垣や多数の櫓が建ち並ぶ近世城郭へと整備された。元和5 (1619) 年福島正則が改易されると、備後には水野勝成が入るが福山城を築き居城としたため、神辺城は廃城となった。このとき神辺城にあった建物が福山城に移築された。戦災で焼失した一～四番の神辺櫓、櫛形櫓、鬼門櫓などが神辺城からの移築と伝わる。昭和52 (1977) 年、標高133m (比高115m) の本丸跡に資料館建設が計画されたことから発掘調査が実施された。多数の遺構とともに三期にわたる遺物群が検出されたため、資料館は隣接する吉野山頂に建設され、神辺城は公園として整備されている。

銀山城
かなやま

別名 金山城　**所在** 広島市安佐南区祇園町　**遺構** 石垣、井戸、堀切

　承久の乱の功により、安芸守護に任じられた甲斐武田の一族、武田信光は福島氏を守護代として、従来、府中にあった政治の中心は武田山麓に移された。文永11 (1274) 年蒙古襲来に、北条時宗が武田信時に安芸に下向して防戦することを命じているから、武田氏の安芸入国はこの頃以後のようである。鎌倉末期、武田信宗は太田川河口に近い武田山に築城した。これが銀山城である。以後、武田氏の本拠となったが、南北朝頃から吉川、毛利、熊谷、小早川などの諸豪は次第に離れていき、戦国時代には大内、毛利氏に圧迫され、天文10 (1541) 年、大内氏の命により毛利元就らに攻められ落城した。安芸守護の名門は滅んだ。

　銀山城は標高411mの頂上の御守岩台や一段下の城内最大面積の千畳敷と呼ばれる館跡をはじめ、山の北東から南西にかけて50もの曲輪が構築された安芸国でも最大級の規模の山城である。中腹にある御門跡は岩盤と石垣で通路を直角に曲げた構造になっており、近世城郭の桝形の原形となる

ものと考えられている。

吉田郡山城
よし だ こおりやま

所在 安芸高田市吉田町吉田　**遺構** 土塁、空堀、石垣、井戸
史跡 国指定史跡

　郡山城は、海抜400mの吉田町の北方にそびえ、今日も本丸、二の丸、三の丸、姫の丸、羽子の丸などの曲輪跡をとどめている。城は出城にあたる甲山の砦をもち郡山本城とは尾根によって結ばれている。

　毛利氏は鎌倉幕府の政所別当大江広元の四男季光が相模国毛利荘、今日の神奈川県厚木市に住んだことから、毛利を名乗ったことに始まる。延元元（1336）年7月、河内国加賀田郷を領していた毛利時頼が当地安芸吉田荘の地頭職に任じられて下向、郡山の地に築城したと伝えられている。しかし、当時の居城や居館がどこにあったかは不明である。毛利経光の子毛利時親から郡山の地に本拠があったと伝わる。安芸毛利氏の祖とされる。

　大永3（1523）年7月元就が猿掛城より郡山城に入城した。元就は美結城とともに城を大拡張し、今日に見る規模にしたとされる。この拡張工事の折、「百万一心」と刻んだ石を人柱の代わりとして埋めた話は有名である。

　元就はさらに安芸、備前、備中、備後、石見、因幡、伯耆の太守となる。天正19（1591）年、毛利氏は本拠を郡山城より広島城に移した。

　郡山城は標高約390m（比高190m）の山頂部から放射状に延びる尾根部を削平し、曲輪を造成している。さらにその尾根筋ごとに曲輪を造成していることから小城郭の集合体のような形状になっており、その曲輪数は270を超えている。広島に本拠を移した後も毛利氏によって維持されていたが、関ヶ原の戦いで毛利氏が安芸を去ると、郡山城は廃城になった。

　慶長20・元和元（1615）年の一国一城令や寛永14（1637）年の島原の乱後の廃城の徹底によって城の破却が進められた。

　元治元（1864）年、山麓に浅野長厚の陣屋を構築するために行った測量によって幕末までも127の壇が確認されている。「嶝」と呼ばれる山上の
さかみち
主要部、本丸・二の丸・三の丸は石垣が使われ、瓦片も出土しており、天正12（1584）年毛利輝元の時代に大規模な改修があったことを示している。天正15（1587）年頃、描かれた絵図には三層の天守が描かれているが、本丸には23m×10mの土壇も残っている。

Ⅰ　歴史の文化編　　25

相片城 (さかた)

別名 鬼ヶ滝加山城、佐賀田城　**所在** 福山市新市町相方
遺構 城門（移建）、石垣

　備後南部の国人領主宮氏一族の兄元信と弟の清元が不和となり、弟の清元が有地氏を名乗り、宮家は尼子方であったが、敵対している毛利方につき兄宮家を滅ぼし、勢力を拡大していく。有地元盛が永禄から天正にかけ築城したという。しかし築城後、豊臣秀吉の命によって廃城になる。

　標高191mの山頂部は、幅約30mの空堀によって山頂部の東側曲輪群と標高188mを山頂部とする西側曲輪群に分けられている。両者とも打込ハギの総石垣で築かれており、瓦や土師質土器が出土。礎石建物の存在も考えられている。頂上から延びる尾根筋にも各所に曲輪が確認されるが石垣は確認されていない。

　また、江戸時代の地誌には、石垣が完存し馬出の堀の形が残るとの記述から破城が徹底されていなかったことが窺われる。遺構は現在も山上によく残るほか市内戸手の素盞鳴神社の門は相方城からの移築と伝わっている。

鞆城 (とも)

別名 鞆要害　**所在** 福山市鞆町後地　**遺構** 石垣

　鞆城は鞆の浦の湊を見下ろす独立、標高24mの古城山にあった。頂上に本丸、その西に二の丸、本丸の北側に三の丸を配し石垣で築かれていた。本丸には三層の天守があげられていた。慶長20・元和元（1615）年一国一城令によって廃城になったとされる。天守は三原城に移されたが、福島領のうちは、重臣大崎玄蕃の居城として続いた。天守以下の改修は、この大崎氏によるものと考えられている。

　福島正則が改易された後、鞆城は福山城主水野勝成が領有した。勝成はここに長男勝俊を入れるが、勝俊が家督相続のあとは三の丸跡に町奉行所を置き、鞆の港町を支配していた。

　宝永8（1711）年には、それまで存在していた大手門や矢倉、屋敷が火災により焼失した。現在、本丸には鞆の浦歴史資料館が建設されている。遺構としては、本丸と二の丸の一部と石に刻印のある石材がみられる。

福山城 (ふくやま)

別名 久松城、葦陽城　**所在** 福山市丸之内　**遺構** 櫓、城門、石垣、外観復元天守　**史跡** 国指定史跡

　元和5（1619）年安芸・備後両国で49万8千石を領していた福島正則が改易されると備後へは10万石で、大和郡山から水野勝成が福山へ移封され

た。入封当初勝成は神辺城に入った。神辺城は古く守護山名氏の居た城で、備後国の中心的な位置にあり、一国一城令の後もある程度の構えが残っていた。野上村常興寺山の地を選んで築城を始めた。山陽道に近く西側を南北に流れる芦田川が水運の便を有する。

築城には勝成自身も陣頭にあたった。洪水にも見舞われる難工事であったが元和8 (1622) 年完成、城地は福山と改めた。築城に際し破却となった神辺城の遺材を転用しただけでなく幕府からは、元和5 (1619) 年廃城が決定された伏見城の建物が下賜され、福山に運ばれた。人材は普請奉行2名が幕府から派遣され、築城資金として金1万2600両、銀380貫が貸与された。

天下普請にも匹敵する幕府による手厚い支援の背景には、有力外様大名の封地が多い西国での数少ない諸大名の居城であることから、幕府の外様大名の統制の一翼を担う城としての整備が図られたと考えられる。

完成した福山城は標高20mの常興寺山を削平した本丸を中心に二の丸・三の丸が取り囲み、その外側を惣構が囲んでいた。本丸には、五層六階で南側に二層の付櫓を有する複合天守があげられた。この天守の最上階北面の外壁は一面に鉄板張りとなっていた。北側からの風雨を防ぐ方法として、あるいは防備の手薄な北方からの射撃に対するためともいわれているが、他の天守にはみられない福山城独特の構造であった。この天守の他、三重櫓7基、二重櫓16基のほか、多聞櫓や土塀がこれらの櫓間に建てられていた。武家諸法度発布後の新規築城の城の中では最も重武装の城であった。

5代勝岑がわずか2歳で没すると水野氏は断絶、松平忠雅を経て、宝永7 (1710) 年阿部正邦が10万石で入り代々相伝して、明治維新を迎えた。廃城後三の丸、惣構は破却が進み市街地へと姿を変えたが、二の丸以内は残り、本丸も天守以下、主要な建物は健在であった。昭和20 (1945) 年空襲によって天守と伏見城遺構の御湯殿を焼失した。同41 (1966) 年天守、月見櫓、御湯殿が復興された。

広島城 （ひろしま）

| 別名 鯉城、当麻城、在間城、石黒城 | 所在 広島市中区基町 |
| 遺構 石垣、堀、外観復元天守 | 史跡 国指定史跡 |

毛利氏は安芸吉田荘に土着以来、郡山城を本拠とし、応仁の乱の頃より戦国大名への道を歩み、中国の覇権を握ったが、元就の孫、輝元になって、父祖伝来の郡山城を出て、広島に築城して居城を移そうとした。

天正17 (1589) 年築城にあたり、輝元自身が「島普請」といっているよう

I 歴史の文化編　　27

に当時の城地となった三角州（デルタ）は五ヵ村と呼ばれた。黒田孝高の縄張により、二宮就辰と穂井田元清を普請奉行として領国内各村の収穫高に応じ、人夫を徴発、各戸からは財産の10分の1を公借して、3年後に元利金を返済する方法がとられた。家臣には資力に応じて櫓、門などを負担させ、築城を急がせた。城を中心にしてかなり広大な範囲を武家屋敷としてその外側を町割りして町人町とした。太田川は白島のところで二股に分かれその下流は6つに分流して瀬戸内海に出る。城の位置する中州はそれらの中央を占めて最も大きく、ここには海へと二つの堀川を開削して城下町の中心部に通じていた。

　天正19（1591）年、城はまだ未完成ではあったが、輝元は入城。吉川元春、小早川隆景をはじめ、家臣も続々と来往、先ず家臣屋敷割と整備が急がれた。また当時の町屋の整備はかなりの日数が要された。城は太田川が京橋川などに分流して瀬戸内に注ぐ巨大な三角州を利用して築かれ、北側を城内、南を城下町とした。本丸は東西95間、南北120間で、北西角に五層の大天守と三層の小天守3基を連立、櫓は23基が構えられた。南東側に馬出状に二の丸を配し、本丸・二の丸をコの字状に囲む形に三の丸が櫓11基と3か所の虎口を伴い開かれ、北に北の丸、北東に縮景園、西に太田川本流を配した。南に家臣団屋敷、城下町を経営した。慶長4（1599）年1月、築城は完成し、祝宴が行われたと伝えられる。翌年の関ヶ原の戦いに敗れた輝元は周防・長門2ヵ国に減封され、その後に福島政則が安芸・備後49万8千石で入城、小方、三次、東城、三原、神辺、鞆に支城を構え、領内支配機構の整備に努めた。元和3（1617）年の洪水に破損した石垣、櫓、塀の修理を行ったのが災いして、正則は改易となった。その後浅野長晟が安芸・備後半国42万石余で入城。12代続いて明治となった。

三原城
（みはら）

別名 浮城、玉壺城　**所在** 三原市城町　**遺構** 石垣、堀
史跡 国指定史跡

　三原は、瀬戸内海岸に北方から丘陵が迫り、西に走る山陽道の海陸の要衝地である。この地に着目して城を築いたのは、小早川隆景で、隆景は水軍基地を兼ねて永禄10（1567）年に築いた。隆景は毛利元就の三男で、天正13（1585）年豊臣秀吉の四国出兵に功があり、伊予35万石を拝領、さらに同15（1587）年に秀吉の九州出兵で功をあげ筑前名島城を与えられ、本拠を移した。文禄3（1594）年秀吉夫人の兄木下家定の五男秀秋が隆景の養

子となり、翌年隆景は筑前を秀秋に与え、三原城に戻り隠居する。

関ヶ原の戦い後、秀秋は備前・備中・美作の55万石を領し、岡山城に移る。替わって福島正則が安芸・備後49万石を領し広島城に入ると、三原城は広島城の支城となり、正則の養子正之が入った。元和5（1619）年、正則は改易され、替わって広島城主となった浅野長晟は三原城を領有。一国一城令下であったが、支城として認められ、長晟は家老の浅野忠吉を城代とした。忠吉の子孫は三原浅野家として明治に至った。

城は三原湾の大島と小島の周辺を埋立て城地とし築かれた。築城目的の一つに水軍基地があったので、舟入である港を抱え、これを監視する舟入櫓が設けられ、「三原之浮城」と呼ばれた。本丸を中心として西に二の丸、西築出、東に三の丸、東築出が配され、東西約1km、南北600mを城域とした。

天守台は本丸北側に構えられたが、天守曲輪と呼ぶにふさわしい大きさで、今も新幹線ホーム北側にみられる。天守建築はあがらなかったが、地元では鞆城の三層天守をここに移築したとの伝承がある。盛時、城には櫓が32基構えられたといわれ、3万石の支城としては破格の規模であった。

今日天守台石垣とこれを三方に囲む水堀が残るほか、本丸中之門、東と西の舟入櫓の石垣は残るが、現位置に建物の遺構はないが、市内には三原城からの廃城後移築された作事奉行所の門が順勝寺山門として現存している。三原駅と市街地建設埋立てによりかつての海城の姿はない。

新高山城
にいたかやま

| 所在 | 三原市本郷町本郷 | 遺構 | 石垣、土塁、堀、井戸 |
| 史跡 | 国指定史跡 |

沼田川を挟んで、高山城址と新高山城址が並び立つ。慶長元（1596）年小早川隆景が三原城に移るまで、領国支配の中心が、新高山城であった。

三原城へ移る折、新高山城の殿舎、櫓、門、石垣などは解体され三原築城に運ばれた、と伝わる。標高198mの新高山全山を城塞化し60余の曲輪が築かれている。山頂部には本丸、東の丸、中の丸、西の丸、北の丸、詰の丸などがある。詰の丸には磐座とみられる巨岩や矢穴の残る岩などが点在する。本丸、東の丸には大型建物の礎石がみられる。また釣井の段には、6か所の井戸が並んでいる。三原市本町には新高山城の門を移建したと伝わる宗光寺山門がある。元就が新高山城に建立した門である。

Ⅰ　歴史の文化編　29

戦国大名

広島県の戦国史

　安芸国の守護は武田氏だったが、のちに佐東・安南・山県の3郡を支配する分郡守護(郡主)となり、西方から大内氏、北方から石見の高橋氏が侵攻してきた。高橋氏の一族は松尾城(安芸高田市美土里町横田)に拠ってこの付近の国衆層の盟主的地位にあったが、永正12年(1515)元光が死去すると、跡を継いだ興光が尼子氏方に属したことから毛利元就の攻撃を受け、享禄2年(1529)元厚が毛利氏に敗れて自刃し滅亡した。

　元就は天文10年(1541)に大内氏の命を受けて武田氏の銀山城を落として武田氏を滅ぼし、事実上安芸一国を支配した。さらに、石見の吉川氏に二男元春、安芸竹原小早川氏に三男隆景を養子として送り込み、勢力を拡大した。

　備後国は守護山名氏のもと、南部は将軍家奉公衆の杉氏や杉原氏が力を持ち、北部は国衆の山内氏が事実上支配していた。

　天文22年(1553)毛利元就は山内隆通を支配下に入れると、弘治元年(1555)には大内義隆を自害させて実権を握った陶晴賢を厳島合戦で破って防長2カ国を支配、一躍長門・周防・安芸・備後・石見の5カ国を支配する戦国大名に発展。さらに永禄9年(1566)には尼子氏を滅ぼして中国地方10カ国を支配した。孫の輝元は織田信長と対立、天正10年(1582)には備中高松城で羽柴秀吉と対峙したが、信長の急死で講和を結び、秀吉政権下で五大老の一人となり、安芸広島で120万石の大身となった。

　その他、瀬戸内海には海賊衆の村上氏がおり、因島・来島・能島の3家に分かれて瀬戸内海を支配した。因島家は早くから毛利氏に従い、独立勢力として最も大きな力を持っていた能島家もやがて毛利氏の傘下に入った。一方来島家は豊臣秀吉に従い、江戸時代は久留島氏と改称して豊後の大名となった。

主な戦国大名・国衆

天野氏
安芸国賀茂郡（広島県）の国衆。鎌倉時代末期頃、伊豆天野氏一族の政貞と顕義が、それぞれ安芸国賀茂郡志芳荘（東広島市）の地頭となり、志和東天野氏、志和堀天野氏に分かれた。志和東天野氏は米山城（東広島市志和町志和東）城主で大内氏に属していたが、大永3年（1523）興定は尼子氏方に転じたため大内氏方の陶興房に攻められ、毛利元就の工作で降伏した。以後は毛利氏に属し、永禄12年（1569）に元定が死去すると、毛利元就の七男元政が家を継ぎ、右田毛利氏と改称した。江戸時代は長州藩一門となる。志和堀天野氏は金明山城（東広島市志和町志和堀）に拠り、のちに本拠を財崎城（東広島市志和町）に移した。戦国時代は大内氏に属し、大内氏が滅ぶと毛利氏に属して江戸時代は長州藩士となった。

有地氏
備後国芦田郡の国衆で、藤原姓宮氏の一族。「あるじ」ともいう。国竹城（福山市芦田町）に拠る。天正年間に相方城（福山市新市町相方）に転じ、高信が同郡有地（福山市芦田町）に住んで毛利氏に仕え、有地氏と称したのが祖。江戸時代は長州藩士となった。

有福氏
備後国高怒郡の国衆。藤原北家秀郷流。南北朝時代、尾越氏が有福城（府中市上下町有福）に拠って有福氏を称した。天文年間（1532〜55）義秀は尼子氏に従い、のち毛利氏に仕えた。その子又九郎は関ヶ原合戦で討死したが、子孫は長州藩士となった。一時尾越氏を称していた。

生口氏
安芸国豊田郡の海賊衆。沼田小早川氏の一族で、河野氏に属した。戦国時代、平佐衛門は生口島北側の俵崎城（尾道市瀬戸田町鹿田原）に、同族の孫三郎景守は安芸茶臼山城（尾道市瀬戸田町）に拠り、厳島合戦では毛利方に属したという。

和泉氏
備後国恵蘇郡口和（庄原市口和町）の黒岩城主。久勝は尼子氏に属し、岳父三吉宗隆からの毛利元就方への誘いを拒否したところ、大永6年（1526）家臣原勘兵衛らによって謀殺された。人質として尼子氏の富田

城にいた嫡男信行は帰城後毛利方に転じ、天文22年（1553）に毛利氏と尼子氏が戦った和泉合戦で毛利方として功をあげた。その子久正は福谷山城を築城した。

浦氏　安芸国豊田郡の国衆。名字の地は同郡沼田荘浦郷（三原市・竹原市）で、桓武平氏沼田小早川氏の庶流。南北朝時代、小早川宣平の七男氏実が浦氏を称した。久津城に拠ったのち、賀儀城を築城、代々小早川氏に仕えて水軍を率いた。戦国時代は毛利氏の家臣となり、江戸時代は長州藩重臣となった。幕末に家老をつとめた浦靭負が著名。

江田氏　備後国三次郡の国衆。藤原北家秀郷流広沢氏の一族。備後国三次郡和田村（三次市）の地頭となり、旗返城（三次市三若町）に拠る。鎌倉時代は広沢氏、室町時代は山名氏、戦国時代は毛利氏に属した。天文22年（1553）江田尾張守隆貫が尼子氏方に転じたため毛利氏に攻められて落城、滅亡した。

小奴可氏　備後国比婆郡の国衆。宮氏の一族。亀山城（庄原市東城町小奴可）に拠る。隆盛は尼子氏に属し、天文22年（1553）備後国旗返（尾道市御調町）で毛利氏と戦って討死。跡を継いだ盛常は毛利氏に属した。

香川氏　安芸国の国衆。桓武平氏鎌倉氏の一族だが、系譜は各種あり不詳。経高が相模国高座郡香川荘（神奈川県茅ヶ崎市香川）に住んで香川氏を称した。鎌倉幕府の御家人となり、承久の乱の功で安芸と讃岐に所領を賜り、経景が安芸国佐東郡八木村（広島市安佐南区佐東町）、義景が同国山県郡谷戸村の地頭となった。景光のときに下向して八木城を築城、室町時代には国人として活動した。応仁の乱では方景が守護武田国信に属して東軍に与した。戦国時代も初め安芸武田氏に仕えていたが、天文3年（1534）光景が毛利に転じた。江戸時代は岩国藩家老となった。

吉川氏　安芸国山県郡の国衆。藤原南家入江氏の一族で、名字の地は駿河国有度郡入江荘吉川郷（静岡県静岡市清水区吉川）。景義の子経義が吉香氏を称したのが祖で「吉河」「吉川」などとも書かれ、次第に「吉川」に

統一された。正治2年（1200）友兼は梶原景時父子の討伐に功をあげ、子朝経が恩賞として梶原景時の旧領だった播磨国福井荘（兵庫県姫路市）の地頭職が与えられた。承久の乱後、経光は安芸国山県郡大朝荘（山県郡北広島町）の地頭となり、子経高のとき大朝荘に下向。南北朝時代に本拠を新庄に移し、以後国人として成長した。戦国時代、興経は尼子氏の配下にあり、毛利氏と対立した。天文16年（1547）内訌が起こった際に毛利元就は当主興経を隠居させて二男元春に吉川家を継がせた。そして、同19年には興経を殺し、以後吉川氏は毛利家の一門となった。江戸時代は岩国藩主となる。

熊谷氏　安芸の戦国大名。承久3年（1221）直時が安芸国安芸郡三入荘（広島市安佐北区可部町）の地頭となり土着したのが祖。のち弟の祐直との所領争いが起こり、伊勢ヶ坪城（可部町大林）に拠った直時の本荘方と、桐原城（可部町桐原）に拠った祐直の新荘方に分裂した。室町時代に本荘方の膳直が新荘方を滅ぼして一族を統一。戦国時代、信直は高松城（可部町下町屋）に拠り、天文22年（1553）武田光和と不和となって毛利氏に転じ、さらに娘が吉川元春に嫁いだことから、以後は毛利元就の重臣となった。

古志氏　備後国沼隈郡の国衆。出雲古志氏の一族。応永8年（1401）、古志国信は備後守護山名時熙の守護代として備後国に下向して土着、大場山城（福山市本郷町）に拠った。永正9年（1512）為信は尼子氏に属したため、大内氏に攻められて落城。孫景勝のとき大内氏に従った。大内氏滅亡後は毛利氏に仕えたが、豊長のとき小早川隆景に殺されて滅亡した。

小早川氏　安芸の戦国大名。桓武平氏。土肥実平の子早川太郎遠平が祖で、名字の地は相模国足柄郡早川（神奈川県小田原市）。合戦後、遠平は平氏没官領の安芸国豊田郡沼田荘（三原市本郷町）の地頭に補せられた。遠平の嫡男維平は土肥宗家を継承、平賀義信の五男景平が沼田荘を継いで小早川氏を称した。嫡男茂平は建永元年（1206）に下向、承久の乱で賀茂郡竹原荘（竹原市）の地頭職も得、嫡男雅平に沼田荘、その弟の政景に竹原荘を譲ったことから、以後沼田小早川氏と竹原小早川氏の2流に分裂した。その後は多くの庶子家を出し、室町時代には大三島を除く芸予諸島のほぼ

Ⅰ　歴史の文化編　33

全域を支配、将軍奉公衆として在京している。戦国時代も有力国人として活動。戦国時代、竹原家の興景に子がなく、毛利元就の三男隆景が養子となった。さらに沼田家では、正平の嫡男繁平が盲目であったことから、繁平の妹を隆景の室として両家を統一し、以来毛利家の重臣となった。隆景の跡は豊臣秀吉の甥の秀秋が継ぎ、この際多くの家臣は毛利家に引き揚げている。

宍戸氏
ししど

安芸国高田郡の国衆。常陸宍戸氏の一族。建武元年 (1334) 朝家が足利尊氏に従って宍戸氏伝領の安芸国高田郡甲立荘 (安芸高田市甲田町) に下向、安芸宍戸氏の祖となった。のち五龍城 (安芸高田市甲田町上甲立) を築城して拠る。室町時代に常陸宍戸氏の元家が継ぎ、その子元源は大永5年 (1525) 猪掛城の高橋氏を降して勢力を広げた。天文2年 (1533) には毛利氏と通じ、翌年毛利元就の長女を元源の孫隆家の妻に迎え、以後は毛利氏の重臣となった。

渋川氏
しぶかわ

安芸国御調郡の国衆。九州探題渋川氏の一族。室町時代に渋川氏が八幡荘を領し、一族が勝山城 (三原市) に拠ったのが祖。大永年間に小童山城 (三原市八幡町) に移る。義正は毛利元就の妹を妻としたが、元亀3年 (1572) または天正元年 (1573) に落城した。

白井氏
しらい

安芸国安南郡の国衆。千葉氏庶流の下総白井氏の一族か。応永年間 (1394〜1428) 頃に安芸国安南郡府中 (安芸郡府中町) に入部したという。出張城に拠り、安芸武田氏に従って水軍を率いていた。慶長年間に毛利氏に仕え、江戸時代は長州藩士となっている。

杉原氏
すぎはら

備後国南部の国衆。桓武平氏で桑名桓平の子光平が備後国御調郡椙原保 (尾道市原田町) を領して杉原氏を称したものか。「椙原」とも書く。八ッ尾城 (府中市) に拠り、光平と邦平は鎌倉幕府の奉行人となった。建武3年 (1336) 足利尊氏が後醍醐天皇に叛いて九州に逃れた際、信平・為平兄弟が尊氏に従っている。観応2年 (1351)、信平は福田荘・高洲荘の地頭となり、末裔は木梨杉原家と高須杉原家に分かれた。南北朝時代は備後における北朝方の有力一族で、室町時代には、幕府の奉公衆となった。戦

国時代は鷲尾山城（尾道市木ノ庄町）に拠っていたが、元亀3年（1572）石原忠直に敗れて落城。その後、小早川隆景の支援を得て鷲尾山城を奪回した。その後は毛利氏に従い、文禄4年（1595）周防に転じた。

高橋氏　安芸国高田郡の国衆。石見高橋氏の一族は安芸国高田郡にまで勢力を広げ、松尾城（安芸高田市美土里町横田）に拠って、この付近の国衆層の盟主的地位にあった。永正12年（1515）元光が死去すると、跡を継いだ興光が尼子氏方に属したことから毛利氏の攻撃を受け、享禄2年（1529）弘厚が毛利氏に敗れて自刃し滅亡した。

多賀谷氏　安芸国の国衆。常陸多賀谷氏の庶流。鎌倉時代に伊予国周敷郡北条郷（愛媛県）の地頭となって下向し、観応2年（1351）には下蒲刈島も領した。南北朝時代は本拠を倉橋島に移し、蒲刈家と倉橋家に分かれている。戦国時代、倉橋多賀谷家は陶氏に属したため、厳島合戦ののち毛利氏によって滅ぼされた。蒲刈多賀谷家は丸屋城（呉市下蒲刈町）に拠り、毛利氏に仕えた。江戸時代は帰農した。

武田氏　安芸の戦国大名。承久の乱後、武田信光が安芸守護となったのが祖で、本来は安芸守護家が嫡流であった。文永11年（1274）信時は幕府から命じられて安芸に下向、鎌倉時代末期、信宗の頃に銀山城（金山城、広島市安佐南区祇園町）を築城したとみられる。建武政権成立で信武が甲斐守護と安芸守護を兼ね、子氏信が安芸守護を継いで安芸武田氏の祖となった。佐東郡を本拠に周辺の温品氏・香川氏・戸坂氏・壬生氏などの国人層を家臣に組み込んだ。応安4年（1371）安芸守護が今川了俊に代えられ、以後は銀山城に拠って佐東・安南・山県の三郡を支配する分郡守護（郡主）となり、やがて大内氏への対抗上幕府からも追認された。戦国時代には尼子氏と結んで大内・毛利両氏と対立した。永正10年（1513）元繁が戦死したのを機に衰え始め、天文10年（1541）大内氏の命を受けた毛利元就に敗れて銀山城が落城し、滅亡した。

友田氏　安芸国佐伯郡の国衆・厳島神社神主。藤原姓。承久2年（1220）に厳島神主となって下向し、以後代々桜尾城（廿日市市桜尾本町）に拠っ

I　歴史の文化編　　35

たという。永正5年（1508）から興藤は小方加賀守と神主職をめぐって争うと、同15年に大内義興が介入。大永3年（1523）興藤は大内氏の城番を追放して神主となったことから大内氏と戦い、翌年敗れて落城。その後、天文10年（1541）に再び叛旗を翻したが、大内義隆に敗れて自刃し、滅亡した。

長屋氏　安芸毛利氏の庶流。中馬忠広の孫泰親が高田郡長屋（安芸高田市吉田町長屋）に住み、槙ヶ城を築城して長屋氏を称した。泰親には男子がなく、厳島神主鷲図左近大夫親藤の跡を相続した弟教親の子宗親が長屋氏を相続。その子良弁・甥良政はいずれも厳島座主となるなど長屋家は代々厳島神社との関係が深い。江戸時代は長州藩士となった。

温品氏　安芸国安佐郡の国衆。平姓か。承久3年（1221）関東武士の金子慈蓮が温品村（広島市東区安品町）の地頭となったのが祖。鎌倉時代は地頭代を派遣していたが、南北朝時代に下向し、室町時代には温品氏を称した。永町山城に拠り、安芸武田氏に属した。戦国時代は毛利氏に従い、江戸時代は周防国都濃郡栗屋村（山口県徳山市）で帰農した。

野間氏　安芸国安南郡の国衆。清和源氏足助氏の庶流。重宗が足利義満から尾張国知多郡野間荘（愛知県知多郡美浜町・南知多町）を与えられて野間氏を称したのが祖。文安2年（1445）重能が足利義政から安芸国安南郡矢野村（広島市安芸区矢野町）を与えられて下向した。以後、矢野城（保木城）に拠り、広島湾東岸一帯と二河川流域を支配し、水軍を率いて大内氏に属した。大内氏の滅亡後は隆実は陶氏に属し、弘治元年（1555）毛利氏に敗れて落城、滅亡した。

乃美氏　安芸国の水軍。沼田小早川氏の一族。「のうみ」ともいう。名字の地は安芸国豊田郡乃美郷（東広島市豊栄町）で、「能美」とも書く。鎌倉時代に荘官となり、南北朝時代には南朝に属して能美島・江田島を支配して乃美城を築城した。室町時代は大内氏に従う。戦国時代、宗勝は賀義城（竹原市）に拠って水軍を率いて小早川隆景に属し、弘治元年（1555）の厳島合戦では村上水軍を味方につけて勝利に導いている。しかし、以後は村

上水軍のうちの来島村上氏に押されて勢力が衰えた。江戸時代は長州藩士となった。

羽仁氏 (はに)

安芸国佐伯郡の国衆。厳島社神領衆。室町時代には佐西郡・山県郡・高田郡などの社領で現地支配者として領主化し、やがて草津城（広島市西区）を本拠とする国人となった。天文23年（1554）有繁のとき毛利氏に敗れて落城。弘治元年（1555）の厳島合戦で子藤直とともに討死した。のち就智は毛利氏に仕えて安芸国佐伯郡を領した。江戸時代は長州藩士となる。

平賀氏 (ひらが)

安芸国の国衆。藤原姓で良房の末裔という。源平合戦の功で各地に所領を得、惟康が出羽国平鹿郡に下向して平鹿氏を称したのが祖。子惟長は安芸国高屋保（東広島市）に転じて平賀氏と改称、御薗宇城（東広島市高屋町高屋堀）に拠った。室町時代には幕府の奉公衆となり、応永10年（1403）に山名満氏が安芸守護として下向した際には、弘章は国人一揆を結成して抵抗している。大永3年（1523）弘保が頭崎城を築城。戦国時代は大内氏に属していたが、天文18年（1549）に隆宗が陣中で死去すると、小早川常平の子隆保が平賀氏を相続。同20年に大内氏が滅亡すると、隆保も大内氏の残党として毛利元就によって滅ぼされた。その後、隆宗の弟の広相が平賀氏を再興、揖斐は毛利氏の重臣となる。

馬屋原氏 (まやはら)

備後国神石郡の国衆。清和源氏。源頼義の子義綱は後三年の役で功をあげて上総・下総の守護となり、馬屋原に住んで馬屋原氏を称したのが祖。一時「前原」を称したことがある。光忠のときに備後国神石郡志摩利庄（神石郡神石高原町）の地頭に転じた。永正年間（1504〜21）に九鬼城を築城して拠り、5代重春は毛利氏に従った。

宮氏 (みや)

備後国品治郡の国衆。藤原姓というが、同国一宮吉備津神社の社家の出か。鎌倉時代末期にはいち早く後醍醐天皇に応じて挙兵している。室町時代は幕府の奉公衆となり、一族は備後北部から伯耆国まで広がっていた。惣領家は下野守家で、庶流に久代宮氏と小奴可宮氏があった。戦国時代、宮光音は志川滝山城（福山市加茂町北山滝）に拠っていたが、天文

Ⅰ　歴史の文化編　　37

20年（1551）毛利氏によって落城し、宮氏の主流は滅亡した。また五品嶽城（庄原市東城町）に拠った宮氏は毛利氏に属し、天文2年（1533）高盛のとき大富山城を築城、本拠とした大富山城を西城、五品嶽城を東城と呼んだ。江戸時代には長州藩士となった。

三吉氏
（みよし）

備後国三次郡の国衆。承久の乱後、朝廷方に属した三吉鼓氏に代わって、藤原姓の一族が三次郡の地頭となって三吉氏を称した。南北朝頃から勢力を拡大し、室町時代には幕府の奉公衆であった。室町時代後期には守護山名氏と密接な関係にあったが、山名氏の没落後は大内氏と結んで尼子氏に対抗した。大内氏滅亡後、天文22年（1553）に致高・隆亮父子は毛利元就に従い、江戸時代は長州藩士となった。

村上氏
（むらかみ）

瀬戸内海の水軍大名。信濃村上氏の一族。鎌倉時代に備後国因島中荘（尾道市因島）の公文職となり以後世襲。永享6年（1434）幕府から海上の警固を命じられて水軍に発展、因島・来島・能島の3家があった。因島村上氏は長崎城（尾道市因島）に拠る。天文24年（1555）吉充は厳島合戦に毛利氏方として参戦、以後も毛利氏に従って備後国向島を与えられた。天正4年（1576）の木津川口の海戦でも毛利氏に与している。関ヶ原合戦では西軍に属して敗れ、江戸時代は長州藩士となった。

毛利氏
（もうり）

安芸の戦国大名。越後毛利氏の経光の四男時親が父から安芸国高田郡吉田荘（安芸高田市吉田町）を譲られたのが祖。時親は六波羅探題の評定衆をつとめ、のちに吉田荘に転じた。南北朝時代、元春は北朝に属し、南朝方や直冬党に属した父親衡や弟の匡時・直元らと争った。その後和解、匡時は坂氏、直元は麻原氏となり、庶子家として惣領家の元春に従うようになる。その後も中馬氏、福原氏、有富氏などの庶子家を分出した。大永3年（1523）南下してきた尼子氏に降ってその先鋒として銀山城の武田氏を討ったが、直後に9歳の当主幸松丸が死去、叔父にあたる元就が毛利氏を継いだ。元就は尼子氏から独立すると、松尾城（安芸高田市美土里町横田）と藤掛城（島根県邑智郡邑南町）にいた高橋父子を討って、安芸の有力国人となった。さらに天文10年（1541）には安芸に再侵攻してきた尼子氏を退け、弘治元年（1555）には厳島合戦で陶晴賢を破って一躍長門・周

防・安芸・備後・石見の五カ国を支配する戦国大名に発展。さらに永禄9年（1566）には尼子氏を滅ぼして中国地方十カ国を支配した。孫輝元は織田信長と対立、天正10年（1582）には備中高松城で羽柴秀吉と対峙したが、信長の急死で講和を結び、秀吉政権下で五大老の一人となり安芸広島で120万石の大身となった。

山内氏
やまのうち

安芸の戦国大名。藤原北家。鎌倉御家人首藤氏の末裔俊通が相模国鎌倉郡山内荘（神奈川県鎌倉市山ノ内）に住んで山内氏を称したのが祖。山内首藤氏ともいわれる。俊通は平治の乱で源義朝に属して戦死し、山内荘は没収された。嫡男経俊は源頼朝に従って奥州攻めなどで功をあげて備後国恵蘇郡地毗荘本郷（庄原市）の地頭となり、鎌倉末期に下向した。室町時代には守護山名氏のもとで勢力を広げた。応仁の乱では西軍に属し、以後は山名氏の有力家臣となっている。戦国時代になると、天文22年（1553）隆通は毛利氏に従い、江戸時代は長州藩士となった。

吉原氏
よしはら

安芸国佐伯郡の国衆。厳島神領衆。藤原姓。同国賀茂郡吉原（東広島市豊栄町吉原）の出。室町時代後期には厳島神領衆を離れて大内氏の家臣となり、天文10年（1541）には佐東郡に領地を与えられて本拠地を移している。その後は杉城に拠って毛利氏に仕えた。江戸時代は長州藩士となり、神村氏と改称した。

和智氏
わち

備後国三谷郡の国衆。藤原北家秀郷流。承久の乱で功をあげた御家人広沢実村が備後国三谷郡に所領を得て下向、その二男実成が同郡和智荘（三次市）を与えられて和智氏を称したのが祖。南天山城に拠る。室町時代に国人に成長、守護山名氏のもとで勢力を拡大した。戦国時代、当初は尼子氏に属していたが、豊郷のときに大内氏に、誠春のときに毛利氏に仕える。永禄8年（1565）毛利隆元が和智誠春の饗応後に急死したことから毒殺を疑われ、同11年（1568）弟元家とともに毛利元就に討たれている。嫡子元郷はのちに許され、江戸時代は長州藩士となった。

Ⅰ　歴史の文化編　　39

名門 / 名家

◎中世の名族

毛利氏 (もうり)

安芸の戦国大名。大江広元の四男季光が父から相模国愛甲郡毛利荘（神奈川県厚木市周辺）の地頭職を譲られて毛利氏を称したのが祖。

1247（宝治元）年の宝治合戦では、三浦氏の縁戚であったことから一族をあげて三浦氏方に与して敗れ、毛利荘を没収された。しかし、四男の経光は越後刈羽郡佐橋荘（新潟県柏崎市）に赴いていたことから乱には参加せず、同荘と安芸国高田郡吉田荘（安芸高田市吉田町）の地頭職は安堵され、本拠地を佐橋荘に移した。

70（文永7）年経光は佐橋荘を南北に分割し、佐橋北荘を惣領の基親に、佐橋南荘と安芸吉田荘を四男の時親に譲った。時親は六波羅探題の評定衆をつとめ、その後吉田荘に移った。

1523（大永3）年南下してきた尼子氏に降ってその先鋒として銀山城の武田氏を討ったが、直後に9歳の当主幸松丸が死去、叔父に当たる元就が毛利氏を継いだ。

元就は尼子氏から独立すると、松尾城（安芸高田市美土里町横田）と藤掛城（島根県邑智郡邑南町）にいた高橋父子を討って、安芸の有力国人となった。41（天文10）年には安芸に再侵攻してきた尼子氏を退けると、55（弘治元）年には厳島に陶晴賢を破って一躍長門・周防・安芸・備後・石見の五カ国を支配する戦国大名に発展。さらに66（永禄9）年には尼子氏を滅ぼして中国地方十カ国を支配した。

孫輝元は織田信長と対立、82（天正10）年には備中高松城で羽柴秀吉と対峙したが、信長の急死で講和を結び、秀吉政権下では五大老の一人となり、安芸広島で120万石の大身となった。しかし、関ヶ原合戦で西軍の総大将となったため、長門萩36万9000石に減知。

◎近世以降の名家

浅野家
あさの

広島藩主。清和源氏。長政は豊臣秀吉と妻同士が姉妹だったことから、その出世に伴って累進し五奉行の一人となる。関ヶ原合戦では、長政は子幸長と共に家康方に付き、戦後、幸長は紀伊藩37万6500石の藩主に抜擢された。大坂城落城後、広島藩主の福島正則が改易されると、その後広島藩42万石6500石の藩主となった。

幕末、世子の浅野長勲は国事に奔走、1867（慶応3）年15代将軍徳川慶喜に大政奉還を進言したことで知られる。維新後に家督を相続、84（明治17）年侯爵となり、外交官や元老院議官などを歴任。旧大名としては最も遅く、1937（昭和12）年まで存命していた。

孫の長武は美術史家として著名で、東京国立美術館館長として海外美術の紹介に尽力した。その子長愛は学習院中等科科長や山階鳥類研究所理事長を歴任するなど、代々文化方面での活躍が大きい。

浅野家
あさの

広島藩家老・三原浅野家。浅野長政のいとこの忠吉が浅野長政に仕えて家老となり、紀伊新宮で2万8000石を領したのが祖。浅野本家の広島転封後は、代々備後三原（三原市）で3万石を領した。1900（明治33）年忠純の時に男爵となる。

浅野家
あさの

広島藩家老。堀田高勝は明智光秀に仕えて2500石を領していたが、その後浅野幸長に仕えて、1596（慶長元）年浅野氏と改称。江戸時代は広島藩の家老となった。家禄は8000石。幕末、道興は国事に奔走。その跡は、広島藩主長訓の甥に当たる守夫が継ぎ、1900（明治33）年男爵を授けられた。

阿部家
あべ

福山藩主。藤原北家小田氏の一族というが不詳。阿部正勝は徳川家康に仕えて、1590（天正18）年の関東入国の際に武蔵国鳩谷（埼玉県川口市）で5000石を領し、子正次は1万石に加増されて大名に列した。以後各地を転々としながら、大坂城代を21年間つとめ、8万6000石まで加増された。正邦の時に、丹後宮津、下野宇都宮を経て、1710（宝永7）年備後

I　歴史の文化編　41

福山10万石に転じた。後11万石となる。

幕末、阿部正弘は老中となって日米和親条約を結んだことで知られる。1884（明治17）年正桓の時に伯爵となる。

正桓の長男正直は英国留学後、雲の研究を始め、御殿場に私設観測所を設置して富士山の雲の観測・研究を続けた。戦後、気象研究所の初代所長となる。その子正道は鎌倉街道など古道の研究家として知られる。

上田家
<ruby>上田<rt>うえだ</rt></ruby>

広島藩家老。清和源氏で小笠原氏の一族という。重氏の時尾張国愛知郡星崎（愛知県名古屋市南区）に移って丹羽長秀に仕えた。孫の重安は丹羽長秀の没後豊臣秀吉に仕えて越前国で1万石を領した。1600（慶長5）年関ヶ原合戦では西軍に属して所領を没収されたが、後浅野幸長に仕えた。その子重秀・重政兄弟は浅野長晟に仕えた。

重秀は、江戸時代広島藩家老となり、以後代々家老をつとめた。家禄1万7000石。1900（明治33）年亀次郎の時に男爵となった。

亀山家
<ruby>亀山<rt>かめやま</rt></ruby>

備後国御調郡尾道（尾道市）で油屋と号した豪商。備中国の出という。金融業や塩田経営などで財を成した。江戸時代後期の元助は士綱と号した文化人としても知られ、町年寄もつとめた。

佐々木家
<ruby>佐々木<rt>ささき</rt></ruby>

安芸国山県郡の鉄山師。隠岐から山県郡に移住したと伝え、寛永年間から鍛冶屋を始めた。1659（万治2）年加計市の町割に際して隅屋を設け、以後代々八右衛門を称した。全盛期には山県郡だけではなく石見国にも及び、鑪2カ所、鍛冶屋11カ所を有していた。1853（嘉永6）年、鉄山経営が藩営に移行したが、正躬は経営を縮小して対応、明治になると家業を林業経営に移している。

沢原家
<ruby>沢原<rt>さわはら</rt></ruby>

安芸国安芸郡呉（呉市）で沢田屋と号した豪商で、庄屋もつとめた。江戸時代中期に酒造業を始めて成功。維新後は貴族院議員や呉市長を歴任した。江戸時代中期から後期にかけて建てられた同家住宅は国指定重要文化財である。

島家
<ruby>島<rt>しま</rt></ruby>

安芸国西条（東広島市西条）の酒造家。白牡丹酒造創業家。石田三

成の重臣島左近の末裔と伝える。関ヶ原合戦後、島左近の二男彦太郎忠正が京から安芸国西条に逃れたのが祖という。忠正の孫六郎兵衛晴正が1675（延宝3）年に酒造業を創業した。1839（天保10）年公家鷹司家より家紋にちなんだ白牡丹の酒銘を賜った。1939（昭和14）年白牡丹酒造株式会社に改組した。

世良家

安芸国安芸郡熊野（熊野町）で住屋と号した熊野筆の豪商。1798（寛政10）年に長兵衛が関西より筆を仕入れて売り捌いたのが熊野筆の始まりという。やがて広島藩の特産品となり、天保年間には墨売捌取次の筆頭をつとめた。3メートルもある立派な石垣を持つ同家屋敷が残されている。

千葉家

安芸国安芸郡海田市（海田町）で神保屋と号した豪商。下総千葉氏の末裔と伝える。江戸時代は酒造業の傍ら、西国街道海田宿で幕府公文書や荷物を送る天下送り役をつとめる他、脇本陣でもあった。同家住宅は広島県指定重要文化財で、庭園は広島県名勝に指定されている。

辻家

広島藩重臣。祖重勝は田中吉政に仕えて7000石を領し、その改易後浅野長晟に仕えて、広島藩士となった。家禄は当初5000石だったが、後1200石となる。

幕末、辻将曹は家老となって国事に奔走、維新後も元老院議官などをつとめて1890（明治23）年男爵を授けられた。子健介も貴族院議員をつとめた。文化人類学者の辻雄周は末裔。

中村家

備後国沼隈郡鞆町（福山市）の豪商。1655（明暦元）年初代吉兵衛が大坂から鞆町に移り住んだのが祖。59（万治2）年に福山藩鞆町奉行に願い出て薬用酒の酒造を始め、「保命酒」と名付けて販売した。85（貞享2）年には福山藩御用名酒屋となり、以後保命酒を独占的に製造販売した。保命酒は福山藩主阿部家によって、禁裏や幕府にも献上されている。1863（文久3）年の七卿落ちの際には三条実美らが同家に1年ほど滞在している。

維新後は福山藩の庇護を失い、藩に貸し付けていた金も回収できなかった上、専売制の廃止で同業者が乱立して業績が悪化。清酒の醸造など多角経営を目指したが、1903（明治36）年に廃業した。

Ⅰ　歴史の文化編　43

橋本家
（はしもと）

備後国尾道（尾道市）で灰屋と号した豪商。代々次郎右衛門と称した本家の他に、「角灰屋」「西灰屋」「橋本屋」と号した家があった。宝暦年間以降は、一族で尾道の町年寄・諸品会所主役などを歴任している。特に角灰屋は本業の金穀貸付業に加えて、江戸時代後期には家屋敷や塩田を集積して大地主となる一方、さらにみずから塩田を造成して塩田経営も行って豪商に発展した。維新後は西灰屋を吸収、金融業に転換して第十六国立銀行を経営した。

羽白家
（はじろ）

安芸国忠海（竹原市）で江戸屋と号した豪商。廻船問屋として知られた。広島県立美術館長をつとめた羽白幸雄は末裔。竹原書院図書館に所蔵されている、江戸時代後期の文化文政頃から1887（明治20）年にかけての同家の帳簿「御客帳」は、海運史の資料として知られる。

藤井家
（ふじい）

備後国福山城下（福山市）で鉄屋（くろがね）と号した豪商。酒屋、製塩業、金融業を営み、福山藩の御用達であった。維新後も与一右衛門は福山銀行を創立するなど地元経済界で活躍、その二男厚二は建築家で建築環境工学の先駆者として知られる。東鉄屋と号した分家がある。

水野家
（みずの）

安芸国安芸郡宮原村（呉市）の素封家。五洋建設創業家。代々甚次郎を襲名し、農業の傍ら秘伝の薬品の製造販売も手掛けていた。3代目甚次郎は医師も兼ねていた。維新後、呉が軍港となったことから、4代目は土木業に転じ、1896（明治29）年水野組を創業。1954（昭和29）年株式会社水野組となり、67（同42）年五洋建設と改称した。

森下家
（もりした）

森下仁丹創業家。備後国沼隈郡鞆町（福山市）で撫屋（なでや）と号した旧家。12代茂右衛門の三男佐野右衛門は沼名前神社宮司の大宮家の養子となったが、森下家の後継ぎがいなくなったことから森下家に戻って14代目を継ぎ、維新後煙草製造業を始めた。

その子博は15代目を継ぐと大坂に出て心斎橋の舶来小間物問屋「三木元洋品店」に丁稚奉公、年季が明けると1893（明治26）年に淡路町に森下南陽堂を創業した。1905（同38）年には仁丹を発売、07（同40）年には中国に

進出した。22（大正11）年には体温計も発売、36（昭和11）年には森下仁丹株式会社に改組した。

保田家
やすだ

広島城下京橋町（広島市）で縄屋と号した豪商。初代内蔵は浅野家に仕えていた武士で、紀伊国から安芸広島に移り住んだ。1638（寛永15）年の島原の乱で負傷したことから牢人、京橋町で商家となり縄屋と号して紺屋と縄を商って縄屋と号した。3代目九兵衛門の時に町年寄となり、質屋や穀物販売に転じた。6代目九左衛門の時には藩から20人扶持を与えられ、綿会所頭取もつとめて城下を代表する豪商に成長した。

また、6代目の弟の七兵衛は独立して新宅といわれる分家を興して、醤油醸造業を始め、2代目七兵衛は綿会所頭取をつとめている。その子3代目八十吉は維新後第百四十六国立銀行や広島銀行の頭取を歴任、また宇品築港に奔走するなど地元経済界の発展に尽くした。

吉井家
よしい

安芸国賀茂郡竹原（竹原市）で米屋と号した豪商。戦国時代の小早川氏の家臣吉井肥後の末裔。その子源兵衛正純の時竹原に移住し、米屋と号して商人となった。2代目正次の時町年寄となって酒造業や塩田経営を始め、廻船業も営んだ。上米屋と号した分家がある。広島藩主が竹原を訪れた際には本陣をつとめた。

頼家
らい

広島藩儒。橘姓という。備後国御調郡頼金（三原市頼兼）発祥で頼金氏を称していたが、後に頼氏と改称、安芸国賀茂郡竹原（竹原市）で紺屋を営んでいた。惟清の三子春水・春風・杏平は儒学や詩文に優れ、「三頼」と呼ばれた。長男の春水は1781（天明元）年、三男の杏平は85（同5）年に広島藩儒に登用され、二男春風は家業の紺屋を継承。春水の長男の山陽は21歳で脱藩して廃嫡されたが、『日本外史』全22巻を著わすなど江戸時代を代表する漢学者となった。藩儒は山陽の長男の聿庵が継いだ。また、幕末の志士頼三樹三郎は山陽の三男である。

中国文学者の頼惟勤お茶の水女子大学名誉教授は頼山陽、国文学者の頼桃三郎安田女子大学教授は頼春風の末裔に当たる。

I　歴史の文化編　　45

博物館

呉市海事歴史科学館
〈戦艦大和の10分の1模型〉

地域の特色

瀬戸内海の大小合わせて約140の島を有する多島美と、本州沿岸から北部には中国山地が広がり、海・山・川・谷・平野・盆地などの多彩な自然がある。山地は高地から低地へ階段状に山が多数連なり、2005（平成17）年現在の棚田の数では日本で1位である。一方で、表土の下に花崗岩が風化したマサ土が最大数十メートルに堆積して広がることから、土石流や急傾斜地崩壊の危険箇所は日本最多でたび重なる災害も発生している。山間部は日本海側気候の豪雪地帯であるが、沿岸部では冬でも晴天日数が多い瀬戸内海式気候で、西は厳島神社から呉、三原、尾道、鞆の浦、しまなみ海道など、風光明媚なスポットが多く、島しょ部は牡蠣や柑橘類などの農林水産物にも恵まれている。海上にある安芸の宮島で知られる厳島神社、平和と人権の尊さを訴える原爆ドーム、という二つのユネスコ世界遺産があり、さらに尾道や呉、江田島も日本遺産の町並みとして登録されている。都市機能と生活圏などから、広島圏域（県西部）、備後圏域（県東部）、備北圏域（県北部）の三つに分けられ、方言・文化の点などで違いがある。瀬戸内海工業地域を中心に、自動車、製鉄、造船、工作機械などものづくり産業が発展している。

主な博物館

広島県立歴史博物館（ふくやま草戸千軒ミュージアム）

福山市西町

常設展の通史展示室では「瀬戸内の歴史をたどる」をテーマに、民衆生活と交通・交易を実物資料・レプリカ・模型などを用いて原始から現代までの歴史の流れをたどることができる。草戸千軒展示室「よみがえる草戸千軒」では、中世の「草戸千軒」の港町を実物大で復原して室町時代の初

夏の夕暮れを再現し、入館者はそのジオラマの中に足を踏み入れ当時の生活の様子を体感することができる。また、遺跡の発掘調査の出土品や関係した古文書類、同時代の陶磁器、さらに出土品の系譜の一端がうかがえる茶・花・香などの生活文化の資料などを展示するなど、中世の草戸千軒町の人々の生活や文化が体験的に理解できる。

広島県立歴史民俗資料館 みよし風土記の丘ミュージアム

三次市小田幸町

　館のコンセプトを「中国山地と江の川」としている。みよし風土記の丘の自然と調和し、県内から出土した考古資料を中心に、歴史・民俗・民俗・美術など幅広い分野から資料を保存展示し、原始・古代の人々の暮らしを学ぶことができる。三次市は県の古墳の約3分の1が集中する古墳密集地帯として知られ、風土記の丘には史跡浄楽寺・七ツ塚古墳群176基、重要文化財旧真野家住宅などがあり、文化財を間近に体感できる。

呉市海事歴史科学館（大和ミュージアム）　呉市宝町

　2005（平成17）年に開館した。戦艦「大和」や戦後に活躍した大型タンカーなど多数の船を建造した船舶製造技術を主な展示とし、造船の町として栄えた呉の戦前・戦後の歴史を紹介するなど、戦争博物館にとどまらない地域拠点となっている。大和ひろばには10分の1サイズの戦艦「大和」がある。幕末から戦後までの呉の歴史資料、零式艦上戦闘機62型や人間魚雷「回天」などを展示。操船シミュレーターなど船を中心とした科学技術の原理を学べる。学芸部門を呉市産業部が管轄し、民間会社の「大和ミュージアム運営グループ」が管理・運営・広報を担当している。隣接して、全長76メートルの実物潜水艦を陸上展示し、海上自衛隊の潜水艦と掃海を広報する史料館として海上自衛隊呉史料館（てつのくじら館）がある。

広島平和記念資料館（原爆資料館）　広島市中区中島町

　1945（昭和20）年8月6日に投下された原子爆弾による被害の実相を後世へ伝え、核兵器の廃絶、世界の平和の実現を目的に、55（昭和30）年に開館した「広島平和記念館」を改築し、94（平成6）年に「広島平和記念資料館」として開館。2014（平成26）年から始まったリニューアル工事により建物

Ⅰ　歴史の文化編　　47

が東館と本館に分かれ、東館が17（平成29）年に本館が19（平成31）年に
オープンした。原爆投下直後の破壊された広島市街地の模型や被爆者の遺
品、被爆の惨状を示す資料などを展示している。この他、ビデオシアター、
ホール、会議室、情報資料室、収蔵庫なども整備されている。隣接して、
原子爆弾死没者の尊い犠牲を銘記し、追悼の意を表す「国立広島原爆死没
者追悼平和祈念館」がある。

宮島水族館　廿日市市宮島町

　1959（昭和34）年に県立水産資源研究所として設立され、81（昭和56）年
に改修工事、2011（平成23）年にグランドオープンし通称「みやじマリン」
と呼ばれる。宮島町地域は文化財保護法や自然公園法、都市計画法などか
ら、建物の構造、面積、高さ、外観、材料などに規制があるが、宮島の景
観に配慮し瓦屋根の建物となっている。地域沿岸の自然や特色を伝えるた
め、瀬戸内海を中心に350種、1万3千点以上が飼育展示され、随所にハン
ズオンの体感型解説も設置されている。特徴的な生物はスナメリで、シン
ボルマークやマスコットキャラクターにもなっている。館内にはカキが育
つカキいかだを再現した展示水槽があり、またアシカのパフォーマンスも
人気がある。

広島市安佐動物公園　広島市安佐北区安佐町

　1971（昭和46）年に開園、アフリカ産とアジア産の動物を中心に日本産
の動物の展示も充実している。生息地ごとにまとめる動物地理学的展示と
同じ科の動物を比べる分類学的展示を用いている。広い展示空間で動物が
「全速力で走れ、安全に止まれる」行動を引き出せる工夫や、柵や檻の代わ
りに空堀で観客との間を分け動物の姿や生態が間近で見られる。高い繁殖
技術により、クロサイやオオサンショウウオなど希少動物の種の保存や自
然保護にも努めている。動物科学館では標本や剥製を用いて体の仕組みや
動物の能力を体験でき、また動物レクチャー・学習プログラムの開催、な
かよし動物教室の開催など教育活動にも熱心に取り組んでいる。

広島大学総合博物館　東広島市鏡山

　2006（平成18）年に設置され、大学が所蔵する学術標本資料を調査・収集・

保存・管理しそれらの研究と展示、情報発信する総合博物館で、11（平成23）年より埋蔵文化財調査室と統合した。本館常設展示では、瀬戸内海・中国山地などの身近な環境の他、動物剥製や周辺の絶滅危惧生物の資料や展示がある。キャンパス各所に点在する学部、遺跡や自然環境などを展示物とし、大学全体を屋根のない博物館とみなす「キャンパスまるごと博物館」構想を推進し、自然散策道「発見の小径」やサテライト展示もある。

三次もののけミュージアム　三次市三次町

　稲生物怪録は、江戸時代以降から現代まで、絵本や絵巻、漫画の題材にもなって全国で伝承されてきた妖怪物語で、三次市三次町はその舞台となった地である。このことから、民俗学者・妖怪研究家でもある湯本豪一氏から約5千点の妖怪コレクションの寄贈を受け2019（平成31）年に開館した。常設展示室「日本の妖怪」では、『変化絵巻』『源頼政鵺退治』『百鬼夜行図着物』『雷獣図』などを展示し、古来、妖怪たちがどのように捉えられ表現されてきたかを系統的に紹介している。チームラボの妖怪遊園地では描いた妖怪がスクリーンで動き、体験しながら学べる空間もある。

比和自然科学博物館　庄原市中本町

　中国山地の自然・地理・歴史的背景を踏まえ、中国山地だけに限らず、広く西日本の自然史の情報発信地になることを目指している。本館での中国山地の自然では、モグラ、ネズミなどの小型哺乳類をはじめ、中・大型哺乳類、鳥類、淡水二枚貝、昆虫のコーナーがあり、自然を利用した人々の生活や文化も紹介している。この他、庄原市から発見された4種のクジラの化石、備後砂やろう石などの岩石や鉱物も展示している。

ふくやま文学館　福山市丸之内

　福山城公園内にある文学館で1999（平成11）年に開館した。福山市名誉市民の井伏鱒二の生涯と思想、主要作品の紹介、書斎の再現をはじめ、火野葦平、志賀直哉、林芙美子、福原麟太郎などなど、福山市広域圏ゆかりの文学者の顕彰と地域の文化振興を目的としている。映像展示室では「福山地方に華開いた文学」「旅と幽閉─井伏鱒二の生涯」などが上映されている。

Ⅰ　歴史の文化編　　49

ヌマジ交通ミュージアム　広島市安佐南区長楽寺

アストラムライン長楽寺車庫の人工地盤上に1995（平成7）年に広島市交通科学館として開館し2015（平成27）年から改称した。航空、船舶、鉄道、自動車などの乗り物と交通をテーマに2,800点を超える模型と情報、試乗体験できる展示も多く、陸海空それぞれの乗り物に関連した歴史的な場面をミニジオラマで表現している。ライブラリーで本やビデオの閲覧、工作教室もある。

おのみち歴史博物館　尾道市久保

建物は1923（大正12）年に建設された尾道銀行本店で、尾道の歴史資料を扱う博物館として2005（平成17）年に開館した。久保町は旧市内の繁華街として栄え広島県の銀行発祥の地で大正時代から銀行浜と呼ばれた。角に向かう玄関と長窓、吹き抜けのエントランス、カウンターや大金庫など、銀行時代の名残もある。尾道遺跡の遺品や平田玉蘊女史に関する資料が展示されている。

海上自衛隊第1術科学校　江田島市江田島町中央

旧海軍兵学校の建物（海上自衛隊第1術科学校、幹部候補生学校、教育参考館、大講堂）などがそのまま残され、これらは現在も幹部候補生の教育訓練に活用され、一般には外観が公開されている。また、教育参考館では、旧海軍関係の資料を幕末から第二次世界大戦までの書や遺品など1万6千点を収蔵し、うち1千点を展示している。

広島市郷土資料館　広島市南区宇品御幸

地場産業の歴史が一目で分かる常設展示では、かき養殖や山まゆ織り、かもじづくり、木造船と舟運に関するものの他、生活文化の貴重な資料が展示されている。建物は明治時代につくられた赤レンガ造で、市の重要有形文化財になっている。

福山市鞆の浦歴史民俗資料館　福山市鞆町後地

瀬戸内海の中央に位置する鞆は、古来、潮待ちの港として栄え、豊かな

歴史と文化を育んできた町である。同館は、福山市制70周年の記念事業として鞆城跡の高台に建設された。鯛網、鍛冶、保命酒、祭りと神事、鞆を中心とした瀬戸内の歴史・文化に関する資料を紹介している。

辻村寿三郎人形館　三次市三次町

辻村寿三郎は三次で少年時代を過ごした人形作家で、1974（昭和49）年のNHK『新八犬伝』の人形美術を担当したことで知られる。本館では彼の作品を中心に、三次人形や稲生物怪録などの史料を展示している。建物は27（昭和2）年に三次銀行本店として建てられた国の登録文化財である。

名字

〈難読名字クイズ〉
①着月／②淋蒔／③洞木／④天宮城／⑤可愛川／⑥大广邪／⑦水主村／⑧白日／⑨後久保／⑩川后／⑪梵／⑫富房／⑬這禽／⑭旭爪／⑮濫觴

◆地域の特徴

広島県でも西日本一帯に多い山本が最多の名字で、少し離れて田中、藤井、佐藤、高橋、村上、佐々木の6つが続く。いずれも全国に広がる名字だが、3位の藤井は山陽から関西にかけて多い名字で、実数では広島県が全国最多。6位の村上は信濃国をルーツとする村上水軍の名字で、とくに広島県と愛媛県に多い。

10位には岡田が入る。「小高い場所にある田」という意味の地形由来の名字のため、全国に広く分布しているが、県単位でベスト10に入っているのは全国で広島県だけ。

22位の藤原は、「ふじわら」と読むもののみ。広島市などでは「ふじはら」と読むことも多く、県全体では4分の1弱が「ふじはら」さん。そのため、「ふじはら」と読む藤原も、150位以内に入っている。

また、33位の河野は「こうの」。愛媛県をルーツとする河野は、宮崎県・大分県・徳島県など、愛媛県周辺では「かわの」と読むことが多いが、広

名字ランキング（上位40位）

1	山本	11	渡辺	21	橋本	31	加藤
2	田中	12	小林	22	藤原	32	宮本
3	藤井	13	山田	23	林	33	河野
4	佐藤	14	松本	24	山崎	34	清水
5	高橋	15	岡本	25	山口	35	山根
6	村上	16	池田	26	山下	36	上田
7	佐々木	17	木村	27	原田	37	小田
8	中村	18	吉田	28	藤本	38	平田
9	井上	19	小川	29	藤田	39	中川
10	岡田	20	伊藤	30	坂本	40	石田

島県では愛媛県と同じく「こうの」が主流。このあたりをみても、瀬戸内海を挟んで愛媛との結びつきが強かったことがわかる。

41位以下では、川本と西本がベスト50に入っているのが独特で、全国でも広島県のみ。ともに珍しい名字というわけではないが、実数でも人口比でも広島が一番多い。

50位以下では、向井、高田、桑田、竹本、浜本、杉原、大下、新谷が多いのが特徴。

高田は県内では「たかた」と読むことが多い。これは高田郡が「たかた」と濁らないのが理由。桑田は全国に分布している名字だが、とくに広島県に多い。県内では福山市と府中市に集中している。また、異体字を使用した桒田も多く、本書では両方を合わせたランキングとなっている。

また大下は「おおした」のみの順位で、広島市付近にある「おおしも」は含んでいない。新谷も読み方が多く地域によって違うが、広島県では99%近くが「しんたに」で、それ以外の読み方は少ない。

101位以下では、栗栖、神原、門田、沖本、瀬尾、沖、吉川、寺岡が独特。栗栖はほとんどが「くりす」だが、広島市では「くるす」とも読む。吉川は、全国では9割が「よしかわ」で「きっかわ」は1割。しかし、県内では毛利家家臣の吉川家がいた広島県では3分の2近くが「きっかわ」である。

● **地域による違い**

広島県は、大きく東部の備後と西部の安芸に分かれ、さらにそれぞれを南北に分けることができる。

西部の安芸地区では県全体と同じように山本、田中が多く、とくに広島市付近ではこの2つが圧倒的に多い。この地域では中村、山田、岡田も広がるほか、旧熊野町では荒谷、旧倉橋町では石崎が最多で、熊野町の福垣内、小田原、坂町の縫部が独特。呉市には神垣が多い。神垣は全国の6割が広島県にあり、その大半は呉市に集中しているという、呉市独特の名字である。この他、浜本や新宅も多い。島嶼部では、旧沖美町の久保河内、後河内、空久保、旧大柿町の浜先、二反田、旧倉橋町の尾浜など、独特の名字が多い。

北部で佐々木が圧倒的に多いほか、小笠原も目立ち、島根県の石見地区と共通している。この他では、栗栖や山本、井上も多い。また、旧大朝町では白砂が最多だった。独特の名字には、旧八千代町の浅枝などがある。

I 歴史の文化編　53

安芸東部では山本が全体に多いほかは統一性が乏しく、平成大合併以前にあった17市町村で一番多い名字はばらばらだった。なかでも、旧安芸津町では日浦、旧瀬戸田町では田坂、旧豊浜町では大成、旧豊町では須賀と、やや珍しい名字が最多となっていた。独特の名字には、竹原市の寄能・保手浜、安芸津町の要田などがある。

　豊浜町では、ベスト10に北田・北倉・北森・北井と北で始まる名字が4つも入っており、さらに北尾も多い。また西中や西宮も多く、北と西で始まる名字で町のかなりを占めている。

　県東部の備後地方では名字の種類が大きく違っている。備後南部では、村上と佐藤が多く、これに藤井と高橋を加えた4つが上位を占めている。このうち、佐藤は東日本に多い名字であるほか、後藤や近藤など東日本の名字が多い。これは、鎌倉時代初めに、関東地方から東国の武士たちが新補地頭として多数入国して来たことや、備後福山藩には譜代大名が何家も入れ代わり立ち代わり入って来たことが影響しているとみられる。

　尾道市には柏原が集中している。柏原は大きく「かしはら」と「かしわばら」という読み方があり、西日本では「かしはら」が多く、東日本では「かしわばら」が多い。広島県では約8割が「かしはら」である。なお、関西では「かしわら」とも読む。また、尾道市の因島（旧因島市）では、村上と岡野の2つの名字が飛び抜けて多い。村上は瀬戸内海の村上水軍の末裔である。

　備後北部は、平成の大合併以前には23の市町村があったが、各市町村で一番多かった名字をみると、佐々木が旧吉舎町と旧三和町、赤木が旧油木町と旧豊松村の2カ所で最多となっているだけで、残りの19市町村はすべて一番多い名字が違っていた。なかには旧世羅西町の植永のように、かなり独特な名字が最多となっていたところもあった。全域を通じて多いのは佐々木くらいで、地域ごとにばらばらである。

　また、福山市の門田、府中市の橘高をはじめ、尾道市の檀上、旧因島市（尾道市）の岡野など、各地域に激しく集中している名字がある。

● **毛利一族**

　江戸時代の長州藩主毛利家のルーツは、相模国愛甲郡毛利荘（現在の神奈川県厚木市）。大江広元の四男季光が父からこの地の地頭職を譲られて毛利氏を称したのが祖である。季光は承久の乱では幕府軍に参加、三浦義

村の女婿となって天福元(1233)年には評定衆になるなど鎌倉幕府内で重要な地位にあったが、宝治元(1247)年の宝治合戦では、三浦氏の縁戚であったことから一族をあげて三浦氏方に与して敗れ毛利荘を没収された。しかし、季光の四男経光は越後刈羽郡佐橋荘(新潟県柏崎市)に赴いていたことから乱には参加せず、同荘と安芸国高田郡吉田荘(安芸高田市吉田町)の地頭職は安堵され、本拠地を佐橋荘に移した。さらに、経光の四男時親は安芸吉田荘を継いで安芸国に転じた。これが、安芸毛利氏の興りである。

鎌倉時代以降、安芸毛利氏は郡山城を本拠にして国衆としての地位を固めていった。そして、この間に次々と分家を出し、家臣に組み込んでいった。厚母、有富、桂、坂、志道、中馬、福原といった名字の家がそうで、いずれも安芸各地の地名を名字としている。維新の三傑の一人木戸孝允も、元は桂小五郎といい毛利氏の一族である。

一族以外にも、毛利家の家臣には県内の地名をルーツとするものが多い。そのため、江戸時代の長州藩士には、有地、井原、浦、木梨、高杉、乃美など、広島県の地名を名乗るものが多数みられる。幕末、奇兵隊を組織して活躍した高杉晋作の先祖も広島県出身である。

◆広島県ならではの名字

◎馬屋原

全国の3分の2が広島県にあり、その大半が福山市と神石高原町に集中している。中世、備後国神石郡の九鬼城(神石郡神石高原町)城主に馬屋原氏があり、上総国馬屋原荘(千葉県)がルーツで清和源氏という。南北朝時代に光忠が備後国神石郡(広島県)に下向、戦国時代に毛利氏に仕えた。江戸時代は長州藩士となっている。県内ではほぼ「うまやはら」なのだが、他県では「まやはら」とも読むことも多い。

◎河内

河内という名字には「かわうち」「かわち」「こうち」という読み方があり、その由来も少しずつ違っている。基本的には「川に挟まれた土地」がルーツなのだが、「かわち」の場合は河内国(大阪府)に由来するものも多い。また、広島県西部に多い「こうち」は、川の近くに開発された新田を意味している。そして、河内の上にその新田を特徴づける言葉を付与して、久保河内、桜河内、福河内など多くのバリエーションがみられる。

I 歴史の文化編 　55

◎小早川 _{こばやかわ}

相模国足柄郡早川（神奈川県小田原市）をルーツとする桓武平氏の一族だが、鎌倉時代に安芸国豊田郡沼田荘（三原市本郷町）の地頭となり、さらに承久の乱後には賀茂郡竹原荘（竹原市）の地頭職をも得て備後に移り住んだため、現在は広島県に多く、とくに呉市に集中している。戦国時代は毛利氏の重臣として知られる。

◎九十九 _{つくも}

百のことを「もも」といい、百に一足りない九十九は「つぎもも」といわれた。この「つぎもも」が変化して「つくも」となったもので、名字としては西日本一帯に分布する。とくに広島県尾道市に多い。

◎門田 _{もんでん}

中世、豪族の門前に広がる田んぼのことを門田といった。門田はこれに因む名字で、一般的には「かどた」と読む。しかし、広島県では8割以上が「もんでん」と読み、「かどた」は少ない。福山市に集中している。

◎頼 _{らい}

備後国御調郡頼金（三原市頼金町）をルーツとする名字で橘姓という。初めは頼金だったが、のちに縮めて頼氏と改称した。安芸国賀茂郡竹原（竹原市）に住み、のち広島藩士となった。『日本外史』を著した頼山陽をはじめ、頼春水、頼春風、頼杏平など多くの儒学者を輩出したことで知られる。また、幕末の志士頼三樹三郎は山陽の三男である。現在も山陽地方に多い。

◆広島県にルーツのある名字

◎世良 _{せら}

広島県を中心に瀬戸内海沿岸に多い名字。備後国世羅郡世良（世羅郡世羅町）がルーツ。いろいろな書き方のある「せら」名字の中で最も数が多い。嫡流は代々毛利氏に仕え、江戸時代は長州藩士となった。現在は福山市と安芸郡熊野町に集中している。福山市では瀬良とも書くほか、広島市北部では世羅が多く、安芸区では勢良とも書く。また瀬羅もある。

◎高杉 _{たかすぎ}

長州藩士の高杉家は備後国三谿郡高杉村（三次市高杉町）がルーツで、清和源氏武田氏の一族。初め尼子氏に属していたが、春時の時毛利氏に仕え、江戸時代は長州藩士となった。幕末の志士高杉晋作が著名。

◆珍しい名字
◎石風呂

　石風呂とは蒸し風呂の一種で、岩穴をくりぬいたもの、あるいは石で造った密室に蒸気をこもらせて蒸気浴をするものである。こうした石風呂は瀬戸内海沿岸に多く、名字も広島県の瀬戸内海側に点在している。

◎後原

　広島には、後久保、後原など、「後」と書いて「せど」と読む名字がいくつかある。「せど」とは「背戸」とも書き、本来は裏口のことだ。やがて家の裏手の方も「せど」というようになり、「後」という漢字をあてるようになった。

◎梵

　元広島カープの梵英心選手は三次市の出身。これで「そよぎ」と読む超難読名字。この漢字からも類推できるように、「梵」という名字は仏教系の名字である。「梵」というのは仏教用語で、宇宙の真理というような意味。また、「梵」という漢字自体の意味は、木の上を風がそよそよと吹くことを意味することから、「梵」と書いて「そよぎ」と読ませている。

◎鉄升

　北広島町にある名字。この付近は古代からたたら製鉄の行われていた場所で、鉄を量る升に由来するものとみられる。

〈難読名字クイズ解答〉
①あきつき／②うずまき／③うつろぎ／④うぶしろ／⑤えのかわ／⑥おおまや／⑦かこむら／⑧しらくさ／⑨せどくぼ／⑩せんこう／⑪そよぎ／⑫とんぼ／⑬はっとり／⑭ひのつめ／⑮らんしょう

Ⅰ　歴史の文化編　　57

II

食の文化編

米／雑穀

地域の歴史的特徴

広島県の南部は瀬戸内式気候に属し、年間を通じて少雨のため、農業用水を確保する必要があった。このため，江戸時代から多くのため池や用水が築造されてきた。

1717（享保2）年には福山藩領で年貢2,000石減免などを要求して惣百姓一揆が起き、翌年には三次、広島藩領にも波及した。1871（明治4）年には旧藩主の東京移住を引き止めるため広島県下で一揆・武一騒動が発生し、福山県下にも広がった。

広島県は瀬戸内海沿岸地域のほぼ中央に位置する。太田川は河口付近で七つに分流し、広いデルタを形成している。広島という県名については、①広い中洲、②広い砂洲、三角洲、の2説があるが、デルタ地帯が名前につながったことは間違いない。

コメの概況

広島県は山が多く、耕地面積は県全体の6.6％にすぎない。耕地面積のうち、74.5％を水田が占めている。しかし、小規模な農家が多く、農業産出額に占めるコメの比率は19.2％にとどまっている。

水稲の作付面積、収穫量の全国順位はともに25位である。収穫量の多い市町村は、①東広島市、②庄原市、③三次市、④三原市、⑤安芸高田市、⑥北広島町、⑦世羅町、⑧福山市、⑨広島市、⑩神石高原町の順である。県内におけるシェアは、東広島市15.4％、庄原市13.8％、三次市13.2％、三原市9.7％などで、上位3市で4割以上を生産している。

広島県における水稲の作付比率は、うるち米93.0％、もち米3.6％、醸造用米3.4％である。作付面積の全国シェアをみると、うるち米は1.6％で全国順位が24位、もち米は1.5％で石川県と並んで17位、醸造用米は4.0％で7位である。

知っておきたいコメの品種

うるち米

（必須銘柄）あきたこまち、あきろまん、キヌヒカリ、こいもみじ、コシヒカリ、どんとこい、中生新千本、ひとめぼれ、ヒノヒカリ、ホウレイ、ミルキークイーン

（選択銘柄）あきさかり、あきだわら、JGCソフト、恋の予感、にこまる、ヒカリ新世紀、夢の華

　うるち米の作付面積を品種別にみると、「コシヒカリ」が最も多く全体の45.9％を占め、「ヒノヒカリ」（17.3％）、「あきろまん」（9.5％）がこれに続いている。これら3品種が全体の72.7％を占めている。

- コシヒカリ　主産地は庄原市、三次市、尾道市、広島市などである。収穫時期は9月上旬である。2015（平成27）年産の1等米比率は89.0％だった。北部産「コシヒカリ」の食味ランキングはAである。

- ヒノヒカリ　主産地は広島市、三原市、東広島市などである。収穫時期は9月下旬である。2015（平成27）年産の1等米比率は88.9％だった。

- あきろまん　広島県が「ミネアサヒ」と「中生新千本」を交配して1993（平成5）年に育成した。主産地は広島市、三次市などである。収穫時期は9月下旬である。2015（平成27）年産の1等米比率は90.0％と高かった。県内産「あきろまん」の食味ランキングはAである。

- あきさかり　福井県が「あわみのり」と「越南173号」を交配して、2008（平成20）年に育成した。2014（平成26）年に採用した。主産地は庄原市、広島市などである。収穫時期は9月中旬である。2015（平成27）年産の1等米比率は92.9％と高かった。北部産「あきさかり」の食味ランキングは2016（平成28）年産で初めて特Aに輝いた。

- 恋の予感　農研機構が「きぬむすめ」と「中国178号」を交配して、1989（平成元）年に育成した。2014（平成26）年に採用した。近畿、中国、四国向けに、登熟期の高温による品質低下が生じにくい品種として開発した。主産地は県南部である。収穫時期は10月上旬〜中旬である。南部産「恋の予感」の食味ランキングはAである。

II　食の文化編　　61

もち米

（必須銘柄）ココノエモチ、ヒメノモチ

（選択銘柄）なし

　もち米の作付面積の品種別比率は「ヒメノモチ」が最も多く全体の50.0％を占め、「ココノエモチ」（41.7％）、「タンチョウモチ」（8.3％）がこれに続いている。

醸造用米

（必須銘柄）なし

（選択銘柄）雄町、こいおまち、千本錦、八反、八反錦1号、山田錦

　醸造用米の作付面積の品種別比率は「八反錦1号」が最も多く全体の46.8％を占め、「山田錦」（32.2％）、「八反35号」（11.7％）がこれに続いている。この3品種が全体の90.7％を占めている。

- **八反錦1号**　広島県が「八反35号」と「アキツホ」を交配して1984（昭和59）年に育成した。多収、大粒の早生品種で、心白が多い。
- **八反35号**　広島県が「八反10号」と「秀峰」を交配して1962（昭和37）年に育成した。

知っておきたい雑穀

❶小麦

　小麦の作付面積の全国順位は28位、収穫量は29位である。主産地は県内作付面積の45.9％を占める北広島町である。これに東広島市、三次市、三原市などが続いている。

❷六条大麦

　六条大麦の作付面積、収穫量はともに17位である。主産地は世羅町で、作付面積は県内の57.1％を占めている。

❸はだか麦

　はだか麦の作付面積の全国順位は宮崎県と並んで18位である。収穫量の全国順位も18位である。主産地は三原市、世羅町などである。

❹そば

　そばの作付面積の全国順位は19位、収穫量は22位である。産地は庄原市、

北広島町、安芸高田市などである。

❺大豆

大豆の作付面積、収穫量の全国順位はともに30位である。主産地は三次市、世羅町、東広島市、三原市、庄原市などである。栽培品種は「サチユタカ」などである。

❻小豆

小豆の作付面積の全国順位は18位、収穫量は20位である。主産地は庄原市、三次市、神石高原町などである。

コメ・雑穀関連施設

- **芦田川用水**（福山市）　瀬戸内海にそそぐ一級河川芦田川の福山市・七社頭首工から取水し、同市一円の農地に水を供給している。幹線の延長は19kmである。七社頭首工は、1961（昭和36）年に国営三川ダム付帯かんがい排水事業として築造された。その後の農業振興に大きく貢献している。

- **服部大池**（福山市）　大池は現在も200haにかんがい用水を供給しており、地域農業に欠かせない水源である。築造時、1643（寛永20）年に人柱に捧げられたとする「お糸伝説」が伝えられ、池の畔に石像が設置されている。池にはしゃれた取水塔が立つ。周辺には多くの桜が植えられており、花見客も多い。

- **八木用水**（広島市）　稲作における慢性的な用水不足を解決するため、江戸時代中期の1768（明和5）年に大工、桑原卯之助が開削した水路である。広島市の八木から長束の間を流れ、延長は16.3kmである。郷土の歩みを語り継ぐ歴史的遺産としても活用されている。

- **小野池**（東広島市）　時の庄屋の黒川三郎左衛門が、18世紀後半、水源の乏しい小野が原に小野原池、小野原新池、小野原大池の3池を築造した。1939（昭和14）年に西日本を襲った大干ばつを受けて、昭和20年代にこれら3池を水底に沈めて貯水容量57万トン、かんがい面積114haの現在の小野池が築造された。その池の礎を築いた三郎左衛門は、後世長く住民から追慕されている。

Ⅱ　食の文化編　63

コメ・雑穀の特色ある料理

- **アナゴめし**　沿岸漁業が盛んで、豊かな海の幸からアナゴめしや、カキめしなど伝統ある名物料理が生まれた。アナゴが捕れる宮島の近海では、昔からアナゴどんぶりが漁師料理としてつくられた。そのどんぶりの白飯を工夫して駅弁として売り出したのがアナゴめしの始まりである。アナゴの頭と中骨を昆布と一緒に煮込み、そのだし汁としょうゆでご飯を炊き上げ、たれを何度も塗りながら蒲焼にしたアナゴを上にのせたものである。

- **カキめし**　太田川などから栄養分の豊かな水が流れ込むためプランクトンの多い広島湾では古くから天然のカキがとれ、縄文時代の貝塚からもカキ殻が発掘されている。養殖は室町時代の天文年間（1532～55）からとされる。地元の新鮮なカキを炊き込んだのがカキめしである。

- **タコめし**（三原市）　県東部の三原市では、良質のタコの育成に力を入れており、タコ料理が郷土料理として定着している。タコめしもその一つである。タコめしは、新鮮な生の地ダコを使った炊き込みご飯である。漁師が獲ったばかりのタコを船上で料理していたのが、家庭に広がったとみられる。

- **庄原焼き**（庄原市）　広島風お好み焼きの肉玉をベースにして、そばではなく「庄原の特産米」を使い、お好みソースの代わりにポン酢だれで味わうお好み焼き。地元のグループがまちおこしとして開発したご当地グルメである。焼かれた香ばしいご飯と、野菜のうまみで上品な味が楽しめるという。

コメと伝統文化の例

- **壬生の花田植**（北広島町）　江戸時代から続く豊作祈願の神事芸能である。飾り牛によるしろかき、かすりの着物、すげ笠姿の早乙女によるお囃子に合わせた田植えなどが行われ、華やかな行事になっている。2011（平成23）年にユネスコの無形文化遺産に登録された。開催日は毎年6月第1日曜日。

- **虫送り**（三次市）　虫送りの行列が行われる同市君田の聖神社は建立以来約500年が経つ。先端に「聖神社蟲送り」と書いた笹を持ってあぜ道

などを歩いて有害な虫を追い払い、稲の豊作を祈願する。100年以上も前から続く伝統行事で、小学生も参加する。開催は毎年8月上旬。

- **能登原とんど**（福山市）　福山市沼隈町能登原地区に伝わる磐台寺観音への奉納行事である。古代に朝廷で行われていた行事が、室町時代に民間に広がった。木材をやぐら状に組み、表面に稲わらなどを付けた高さ10m近いとんど6基がきらびやかに飾りつけられ、田園地帯を練り歩く。開催日は毎年1月の第2日曜日。

- **ちんこんかん**（三原市）　三原市新倉町の大須賀神社（通称牛神社）の例祭日に奉納される数百年前からの伝統行事である。害虫よけ、雨乞いの願いを込めて、赤い衣装と鬼面をつけ破魔矢を持った大鬼と、6尺棒を持った小鬼が、大太鼓、小太鼓、鉦に合わせて力強く踊る。開催日は毎年8月16日。

- **たのもさん**（廿日市市）　「安芸の宮島」で知られる廿日市市宮島は、古来から島全体が神様と信じられ土地を耕さない信仰があった。このためコメなど農作物に対する感謝の念が厚く、「たのも船」という小舟をつくり、農作物を栽培している対岸の同市大野町のお稲荷様に向けて流す祭りが続いている。たのも船には、新米の粉で練っただんご、おはぎなどをのせる。かつては対岸の農家の人などがこれを拾い上げ、田畑のあぜなどに供えて豊作を祈願したが、拾い上げるのは現在はすたれている。開催日は毎年旧暦の8月1日。

こなもの

広島焼き

地域の特色

本州の中国地方の中部に位置する県で、県庁所在地は、広島県南西部の広島湾奥にある。広島市は、江戸時代の浅野氏42万6千石の城下町であった。中国地方の経済・文化の中心地であるが、昭和20（1945）年8月6日に、世界で最初に原子爆弾の投下による被害を受け、同じく原子爆弾の被害を受けた長崎市とともに、このような悲劇が二度と発生しないように宣言し、平和を願っている中心都市である。

広島県は、かつての安芸・備後の2つの地域である。大部分を中国山地が占めている。冬は寒気が厳しく、積雪が多い。北東部には吉備高原がある。南は瀬戸内海に面し、広島・福山の平野がある。気候は瀬戸内海の影響を受け、温暖で晴天の日は多い。

江戸時代には、広島藩と福山藩に分かれていて、それぞれが新田・塩田の開発を進めた。干害の多かった山間部では、土師川から農地に水を引くことに成功した。

食の歴史と文化

農業の中心は稲作で、品種はコシヒカリやヒノヒカリである。野菜では漬菜の一種の広島菜が栽培されている。広島菜の由来は江戸時代の初期の武将・福島正則（1561〜1624）が、安芸広島の城主のときに、京都本願寺から種子を譲り受けて、広島で栽培したことによるとの説がある。広島市観音地区の特産の「観音ネギ」（葉ネギ）は、明治時代に京都の九条ネギをこの地で栽培したことが、このネギの由来となっている。

広島の代表的郷土料理は「広島焼」ともいわれるお好み焼きである。戦前、水で溶いた小麦粉にせん切りキャベツを混ぜて焼いた1銭洋食という、京都にあった料理が原形といわれている。大阪焼きというお好み焼きのようなものにうどんや中華麺を加えたもの。お好み焼きの発祥は1950年頃

といわれているから、広島焼きもそれほど古いこなもの料理ではないと推定できる。

広島の代表的土産物には、宮島の「もみじまんじゅう」がある。明治40（1907）年頃に紅葉の名所の紅葉谷にちなんで名付けられたまんじゅうで、カステラ生地で人形焼のように作ったものである。基本的には小豆の餡が入っているのであるが、現代の人々に合わせ、いろいろな餡が考えられている。

広島の郷土料理には、特産の広島産のカキを使った料理が多い。とくに「土手鍋」は冬の鍋料理として最適であると同時に、味噌とカキのうま味の相性がよいのが人気である。

知っておきたい郷土料理

だんご・まんじゅう類

①かもち

サツマイモと麦粉で作るだんご。「かもち」の名の由来は、「いもかわもち」が訛って「かもち」になった説やその他の説がある。

作り方は、皮を除いたサツマイモは適当に切って、水を加えて煮る。イモが軟らかくなり、煮汁がまだ少し残っている頃に麦粉を加えながら潰し、さらに弱火で蒸す。最後に粉を入れて「すりこ木」で潰し終わったらだんごを作って、蒸す。蒸し上がった生地で餡を包んで「かもち」にする。

②にぎりだんご

夏の朝食に食べるサツマイモの粉で作るだんご。かんころ粉を水で捏ねて小さく丸め、軽く握って指のあとをつけてから、蒸す。餡を包んで蒸す場合もある。かんころは、サツマイモを薄い輪切りにして、むしろに広げて天日で乾燥したものである。寒くなって、正月前頃に作り乾燥させたものである。

③ゆでだんご

米粉で作るだんごで、砂糖で甘くした小豆餡や黄な粉で食べる。祝いの日には、うるち米ともち米を寒ざらししてから製粉する。両方の粉を混ぜて捏ねて丸くし、平たくし、熱湯で茹でる。浮き上がったところで、器にとり、煮小豆をかけたり、餡をつけたり、黄な粉をつけて食べる。ふだん

Ⅱ　食の文化編　　67

は、くず米の粉からだんごを作る。

④しばもち

　米粉をぬるま湯で捏ねて、しばもちの生地を作る。この生地で、小豆餡を包み、サルトリイバラ（広島県蒲刈町周辺では「しば」といっている）の葉で挟んで蒸す。この地方の呼び名「しば」から「しばもち」の名がある。米粉のだんごは粘りがあるので、サルトリイバラで挟むことにより、粘りを気にせず食べられるようになる。

　米粉の代わりにだんご麦粉を使うと、きめ細かく、粘りのある生地ができる。だんご麦は、瀬戸内海地方で栽培している大麦の一種である。

⑤いがもち

　呉、蒲刈地域では、祭りや花見のためには、いがだんごを用意する。作り方は、しばもちと同じである。貴重な米を節約するために、雑穀の粉を使うので、生地は茶色である。

　餡を包んだ餅の上面には、赤色や青色に染めた数個の米粒をつけて蒸す。

⑥まき

　「かたらもち」ともいい、田植えじまいの日（「さなぶり」）に作る。うるち米の粉にもち米の粉を混ぜ、熱湯を加えて練り、だんごの生地を作る。この生地で餡を包み、さらにサルトリイバラ（河内地区では「かたら」といっている）の葉で包んで蒸す。日常の食事の前にも食べる。

⑦もみじ饅頭

　小麦粉、卵を原料としたカステラ生地で、小豆餡を包み、「もみじ」型に焼き上げた和菓子の一種である。「もみじ饅頭」の名の由来については、明治政府の初代首相・伊藤博文（1841～1909）が、宮島の紅葉谷で紅葉狩りをした折に、茶店で可愛い娘がお茶をだした手を見て「もみじのように可愛い手だね」といわれたそうだ。その話を聞いた宮島の老舗旅館「岩惣」の女将が「紅葉谷にちなんで菓子を作ってみては……」という発言をきっかけに、大阪で和菓子職人で大阪名物の「岩おこし」の卸商でもあった高津常助が明治39（1906）年に紅葉谷公園入り口に店舗（高津堂）を構え、製造販売した。明治43年に商標登録を取得している。現在の「元祖もみじ饅頭」は、高津堂の3代目（創業100年後）が、製造後に日にちがたっても軟らかく生地と口に残らない甘さの餡にこだわったもみじ饅頭を復活させたときに、「元祖もみじ饅頭」の名で作り続けている。その後、

大正時代に創業した店、昭和初期に創業した店と続出し、各店舗ともそれぞれに特徴ある「もみじ饅頭」を製造・販売している。後発メーカーでは「もみじ饅頭」の名の由来は、広島県の県花にちなんだ型にしたというところもある。また、カステラ生地でなく「もちもち感」のある生地で餡を包んだもの、「生もみじ饅頭」というもの、現代の消費者の嗜好を探求し、小豆餡にはこし餡、粒餡、抹茶餡があり、その他、カスタードクリーム、チョコレートを包んだものもある。さらには、幸福への願いをこめたという紅白の練り餡を包んだ「福もみじ」まで登場している。世界文化遺産の厳島神社を目当ての観光客相手に、小豆餡をカステラ生地で包んだ「もみじ饅頭」のほかに、これからも目先を変えた製品がでてきそうである。

⑧香蘭茶だんご

香蘭茶は野生のシュランという植物の乾燥したもの。中国地方の郷土料理で、白玉粉に小麦粉をまぜ、水を加え耳ぶたほどの軟らかさに練って、芯に適量の香蘭茶のくずを入れて団子にして茹でたもの。

⑨しばだんご

中国地方では、田植えが終わった後の田植え休みやお盆に作る。もち米の粉で捏ねた生地で小豆餡を包み、カタラの葉の上に置いて蒸したもの。

お焼き・焼きおやつ・お好み焼き・たこ焼き類

①広島焼き

お好み焼きの一種である。大阪から伝わった「一銭洋食」という子どもの駄菓子であった。現在のような満足に食事もおやつも食べられなかった昭和30（1955）年代の頃は、広島の子どもたちは、鉄板の上に薄く延ばした小麦粉の生地に、イリコの粉（煮干しのくず）をかけたクレープ状のものが、現在の広島焼きの初めのようであった。お好み焼きの歴史については中国から伝わったという説もあるが、広島焼きの最初は、水溶き小麦粉を鉄板で焼いたものであった。

お好み焼きは、作り方からは広島流と関西流に分類されている広島焼きの特徴は、水溶き小麦粉を、薄く油をひいて熱して鉄板上に円を描くようにひきのばして皮を作り、その上に具材を順次重ねてゆき、ついでつなぎの役目に少量の生地をたらす。さらに、ヘラでひっくり返して両面を焼い

Ⅱ　食の文化編　　69

てソースを塗り、青海苔や紅ショウガなどをのせる。具材にキャベツやモヤシを使い、さらに茹でた中華麺も使うのが特徴でもある。上になる皮に、鉄板で広げて薄く焼いた卵を使うことが多くなっている。

　具材にキャベツやモヤシというあっさりした野菜を使うので、広島焼きの美味しさのポイントは、ソースにあるともいわれる。現在は関東でも流通している「お多福ソース」が有名だが、その他5社の小メーカーがあるそうである。広島の人々は、お好み焼きはソースの味で食べるともいっている。

　関西流の焼き方は、水溶き小麦粉の生地に、具材（ネギ、キャベツ、肉、エビ、貝、イカ、天かすなど）を混ぜ合わせ、その混合物を熱した鉄板の上に広げ、両面をこんがり焼く。具材のうま味や食感で食べるのが関西流お好み焼きの特徴である。

②黒砂糖のちまき

　備後地方の端午の節供の料理。もち米の粉とうるち米の粉を半々に混ぜて練り、これを細長い団子にし、サンキライの葉で縦に包んでから、クマザザの葉で横に巻き、熱湯で茹でる。食べるときには、葉をはがし、ちまきはどろどろに湯で溶かした黒砂糖溶液をつける。

めんの郷土料理

①鯛めん

　結婚式、棟上、長寿の祝いなどの時に作る。「鯛めん」は「めん鯛」ともいい、「めでたい」に通ずるとされている。

　鱗や内臓を除いた鯛は、平釜で崩れないように煮る。茹でた素麺は白波をイメージして皿に盛り、その上に鯛をのせる。

②そうめんのふくさ吸い物

　備後地方の祝い料理の一つ。まろやかな心温まるそうめんの入った白味噌仕立ての吸い物。大きめの菓子椀というお椀に入れて供する。そうめんのように末永く続くようにという意味のある料理で、結納の時、最後に「ふくさ吸い物」をだす。

▶ 国産レモンの6割を収穫

くだもの

地勢と気候

　広島県は、中国地方を東西に連なる中国山地の南側に位置している。標高800mの北部、200〜500mの台地が広がる中央部を経て瀬戸内海に臨んでいる。瀬戸内海の138の島々を擁する。総土地面積は8,479km²で、中国・四国地方では最も広い。

　沿岸部や島しょ部は瀬戸内式気候に属し、比較的少雨で年間を通じて晴天が多く、温暖である。北部の山間地域は、冬季は寒冷で積雪や降水量が多く、夏季は冷涼である。北部の平均気温は沿岸部より約5℃低い。江の川が流れる県中央部の三次盆地には霧が発生する。

知っておきたい果物

レモン　　レモンの栽培面積、収穫量の全国順位はともに1位である。全国シェアは、栽培面積で39.8％、収穫量で60.9％に達する。主産地は呉市、大崎上島町、尾道市などである。

　広島県産のレモンについては「大長レモン」「広島レモン」の二つの地域ブランドが登録されている。前者は、呉市豊町大長地区が発祥の地である。このため、呉市豊町、同市豊浜町、大崎上島町で生産されるレモンに限定して、JA広島ゆたかが登録している。後者はJA広島県果実連が広島県産のレモンを対象に登録している。

　両ブランドとも、通年で安定供給する態勢を整えている。出荷時期は露地ものが10月上旬〜5月下旬、貯蔵ものが5月上旬〜8月下旬、ハウスものが7月上旬〜9月下旬頃である。

　呉市の旧下蒲刈町は、大正初期からの歴史があるグリーンレモンの産地である。

ネーブルオレンジ　　ネーブルオレンジの栽培面積、収穫量の全国順位はともに1位である。主産地は尾道市で、江田

Ⅱ　食の文化編

島市、大崎上島町、呉市、三原市などでも生産している。

ハッサク

ハッサクの栽培面積、収穫量の全国順位は、ともに和歌山県に次いで2位である。全国シェアは、栽培面積が15.4％、収穫量が20.2％である。主産地は尾道市で、大崎上島町、呉市、三原市、江田島市などが続いている。出荷時期は1月上旬～4月下旬頃である。

ハッサクは尾道市因島の恵日山浄土寺で1860（万延元）年頃発見され、旧暦8月朔日の頃から食されるとして八朔と命名された。ブンタンとミカンの交配種とされる。明治期以降、因島を中心に県内で増殖され、戦後各地に広がった。広島県産のハッサクは「広島はっさく」として地域ブランドに登録されている。

ハルカ

ハルカの栽培面積は愛媛県に次いで2位である。収穫量は1位で、占有率が41.9％である。主産地は尾道市、呉市、三原市、大崎上島町などである。出荷時期は3月上旬～下旬頃である。

不知火

不知火の栽培面積の全国順位は熊本県、愛媛県に次いで3位である。収穫量の全国順位は熊本県、愛媛県、和歌山県に次いで4位である。主産地は呉市、大崎上島町、尾道市などである。出荷時期は3月上旬～4月下旬頃である。

アンズ

アンズの栽培面積の全国順位は5位、収穫量は青森県、長野県、福島県に次いで4位である。主産地は福山市などである。出荷時期は6月上旬～中旬頃である。

福山市田尻町は、西日本では数少ないアンズの産地である。地元には田尻町あんずの古里振興会ができている。

伊予カン

伊予カンの栽培面積の全国順位は7位、収穫量は5位である。主産地は呉市、尾道市、大崎上島町、江田島市などである。

イチジク

イチジクの栽培面積、収穫量の全国順位はともに6位である。主産地は尾道市、福山市、江田島市などである。出荷時期は7月上旬～10月下旬頃である。

ミカン

ミカンの栽培面積の全国順位は7位、収穫量は8位である。主産地は尾道市、呉市、大崎上島町などである。出荷時期は10月上旬～2月下旬頃である。

広島県産のミカンについては、「高根みかん」「大長みかん」「広島みかん」

の3つの地域ブランドが登録されている。

「高根みかん」は、JA三原が尾道市瀬戸田町高根地区産のミカンだけを対象に登録している。

「大長みかん」は、呉市豊町大長地区が発祥である。呉市豊町、同市豊浜町、大崎上島町で生産されるミカンを対象に、JA広島ゆたかが登録している。呉市豊町は早生温州ミカンの発祥の地であり、「大長みかん」は1903（明治36）年に「青江早生」を本格導入したのが始まりである。豊町や近隣の島々は、温暖な気候、水はけの良い段々畑、日当たりの良さ、海からの照り返しという好条件に恵まれている。大崎上島町の旧木江はミカンの栽培がとりわけ盛んだ。

「広島みかん」は、JA広島果実連が広島県産のミカンを対象に登録している。島しょ部で多く栽培されている。

ナツミカン

ナツミカンの栽培面積の全国順位は8位、収穫量は5位である。主産地は尾道市、呉市、江田島市、三原市などである。

プルーン

プルーンの栽培面積の全国順位は10位、収穫量は8位である。主産地は神石高原町、三次市、大崎上島町などである。

ブドウ

ブドウの栽培面積の全国順位は12位、収穫量は10位である。栽培品種は「マスカット・ベリーA」「デラウェア」「ピオーネ」などである。主産地は福山市、三次市で、尾道市などでも生産している。出荷時期は6月上旬～10月下旬頃である。

中国山地の山々に抱かれた三次盆地の三次市は、昼夜の寒暖差が大きくブドウ栽培の好適地である。三次ピオーネ生産組合は、1974（昭和49）年に創立され、当時広島県立果樹試験場で育成段階にあった「ピオーネ」の栽培を始めた。生産団地を造成し、関係者は種なしで大粒の生産技術を独自に開発した。今日、三次産のピオーネ品種のブドウは「三次ピオーネ」として地域ブランドに登録されている。「三次ピオーネ」には「黒い真珠」の愛称がある。出荷は県内市場が中心である。

同市三良坂地区では、農事組合法人三良坂ピオーネ生産組合が「みらさかピオーネ」を生産している。

ビワ

ビワの栽培面積、収穫量の全国順位はともに13位である。栽培品種は「長崎早生」「茂木」などである。主産地は東広島市、呉市

Ⅱ　食の文化編　73

などである。長崎早生の出荷時期はハウスものが2月下旬～5月上旬、露地ものが6月上旬～中旬頃である。

サクランボ

サクランボの栽培面積の全国順位は茨城県、奈良県と並んで15位、収穫量は岡山県と並んで14位である。

リンゴ

リンゴの栽培面積、収穫量の全国順位はともに14位である。主産地は庄原市、三次市、北広島町などである。

スモモ

スモモの栽培面積の全国順位は、熊本県と並んで14位である。収穫量の全国順位は、佐賀県と並んで16位である。主産地は呉市などである。出荷時期は6月上旬～7月下旬頃である。

西洋ナシ

西洋ナシの栽培面積の全国順位は茨城県と並んで16位である。収穫量の全国順位は17位である。

桃

桃の栽培面積の全国順位は岩手県と並んで15位である。収穫量の全国順位は16位である。主産地は尾道市、三原市で、東広島市などでも生産している。出荷時期は5月上旬～8月下旬頃である。三原市旧大和町の「阿部白桃」は、普通の白桃の2倍の重さがある"ジャンボ桃"である。

ブルーベリー

ブルーベリーの栽培面積の全国順位は27位、収穫量は17位である。主産地は大崎上島町、神石高原町、福山市などである。出荷時期は6月上旬～8月下旬頃である。

カキ

カキの栽培面積の全国順位は18位、収穫量は22位である。主産地は福山市で、安芸太田町、尾道市、三原市、東広島市、呉市などでも生産している。出荷時期は10月上旬～下旬頃である。

「祇園坊」は1661（寛文元）年以前に佐東郡祇園（現在は広島市安佐南区）の祇園社（現在は安神社）に最初に植栽された。昭和初期まではその周辺が一大生産地だったが、現在の産地は隣接する安芸太田町に移っている。渋ガキのため、多くが干し柿に加工して販売されている。

日本ナシ

日本ナシの栽培面積の全国順位は23位、収穫量は25位である。栽培品種は「幸水」「豊水」などの赤ナシが多い。主産地は世羅町で、安芸高田市、三次市、庄原市などでも生産している。出荷時期は8月上旬～下旬頃である。

世羅町は、「新水」「幸水」「豊水」の赤ナシ三水を中心に無袋栽培を行い、「せらナシ」として出荷している。

アンセイカン　　漢字では安政柑と書く。ミカン科ミカン属に属するブンタン類の一種である。安政年間に現在の尾道市因島に、南方から持ち帰ったカンキツの種から生じた偶発実生らしい。アンセイカンの栽培面積、収穫量の全国順位はともに1位である。全国シェアは、栽培面積が82.2%、収穫量が89.5%である。主産地は尾道市、三原市などである。

ジャボン　　農林統計によると、主な生産地は広島県だけである。栽培面積は1.3ha、収穫量は2.2トンである。主産地は東広島市などである。

ニシノカオリ　　西之香とも書く。農林統計によると、主な生産地は広島県だけである。栽培面積は5.3ha、収穫量は89.0トンである。主産地は呉市、尾道市、東広島市などである。

ハルミ　　ハルミの栽培面積の全国順位は愛媛県に次いで2位である。収穫量は1位で、占有率は41.2%である。主産地は尾道市、呉市、大崎上島町などである。出荷時期は2月上旬〜下旬頃である。

イチゴ　　イチゴは尾道市、廿日市市などで生産されている。出荷時期は12月上旬〜5月下旬頃である。

スイカ　　スイカは尾道市などで生産されている。出荷時期は6月上旬〜7月下旬頃である。

ユズ　　ユズの栽培面積の全国順位は18位、収穫量は14位である。主産地は安芸高田市などである。安芸高田市高宮町川根では「川根柚子」を生産している。ユズが育つのは、最低気温が−8℃までの土地とされる。川根の最低気温は−10℃に達するが、江の川の朝霧がユズを霜から守ってくれ産地になっている。無農薬栽培のうえ、皮に含まれる苦みの成分であるナリンギンが他のユズの3分の2程度のため、皮も食べられるとPRしている。

地元が提案する食べ方の例

海老とレモンのちらし寿司（広島県）

炊きたてのご飯に、レモン果汁、砂糖、塩を混ぜ合わせ酢めしにして器に入れる。その上に、塩ゆでして皮をむいたエビ、レモンスライス、カイワレ、白ゴマを盛り付ける。

Ⅱ　食の文化編

レモンそうめん（広島県）

だし汁にうすくち醤油、みりんを入れて一煮立ちさせ、1個分のレモン果汁を入れた後、粗熱をとって冷やす。ゆでたそうめんにこれを注ぎ、レモンの輪切りをたっぷりのせる。

レモンと豆のフレッシュサラダ（広島県）

ボウルにミックスビーンズ、マカロニ、インゲン、ニンジン、セロリ、トマトを入れて塩を振り、全体にレモン果汁をかけ、オリーブオイル、レモンの皮などを加える。

牡蠣と豚肉のレモンみぞれ鍋（広島県）

鍋にだし汁、醤油、みりんを入れてひと煮たちさせ季節の野菜を入れて、火が通ったらカキ、豚肉を加え、レモン果汁を絞り入れる。上に大根おろし、レモンスライスをのせてさっと煮、火を止めて黒こしょうを振る。

みかん味噌（呉市豊町の郷土料理グループ）

ミカンは皮ごと使い、ゴボウ、ニンジン、シイタケ、ニンニク、レモンなども混ぜる。野菜につけ、ご飯のともや酒のつまみにもなる食べるみそである。

消費者向け取り組み

直売所

- 沼隈町果樹園芸組合沼隈ぶどう直売所　福山市沼隈町の JA 福山市沼隈ぶどう選果場で、7 月中旬〜9 月下旬に開設
- 福山市ぶどう生産販売組合瀬戸ぶどう直売所　JA 福山市瀬戸支店隣接の瀬戸ぶどう共同選果場で、8 月上旬〜9 月下旬に開設

魚　食

地域の特性

　広島県の一部は瀬戸内海に面し、入り組んだ海岸線と内海に点在する数多くの島があり、多くの海産物が獲れる。県北部には中国山地が横たわり、山地に源を発する太田川、芦田川は、広島平野や福山平野など小平野を形成している。広島県北部の三次（みよし）盆地には神野瀬川（かんのせがわ）・西城川（さいじょうがわ）・馬洗川（ばせんがわ）・可愛川（がわ）・江の川（ごう）などの清流が集まる。各河川は瀬戸内海に流れている。瀬戸内海の燧灘（ひうちなだ）・備後灘（びんごなだ）・安芸灘（あきなだ）の間に点在する芸予諸島（げいよ）は広島県に属する。瀬戸内海に点在する島々の複雑に入り組んだ海岸線や島陰には筏や生け簀を設備し、カキ・ハマチ・マダイなどの養殖の格好な海域となっている。

魚食の歴史と文化

　現在の広島県の中心地は安芸の国であった。江戸時代には広島藩と福山藩に分かれており、各々の沿岸部で新田・塩田の開発が進められた。広島の代表的な郷土料理「アナゴの蒲焼き」「あなご飯」があり、土産としても販売されている。広島の養殖の中心はカキの養殖で、1500年代から行われている。広島の伝統料理にはワニ料理とイワシ漬けがある。ワニとはサメのことで、一般には、刺身にし、ワサビ醤油や辛子醤油で食べる。イワシ漬けは、世羅町という地域に江戸時代から伝わる漬物で、イワシとダイコン・ハクサイを一緒に漬け込んだ郷土料理である。広島食文化研究グループの調査によると、家庭での最近の魚介類の利用状況は、アジ・イカ・ブリ・サバ・アサリなどの入手しやすい魚介類の利用が多く、広島沿岸で獲れるカキ・チヌ（クロダイ）・イワシ・ナマコの利用度は少ないと報告している（日本調理学会誌、Vol.39（6）、p.369（2006））。この傾向は、現在の消費者の一般的傾向と思われる。

知っておきたい伝統食品・郷土料理

地域の魚介類

春には、カタクチイワシの稚魚のシラス・イカナゴ漁が始まる。サヨリ・メバル・コノシロ（コハダともいう）・小イカ・小アナゴ・イイダコ・マダイ・アサリが流通し、初夏にはクルマエビ・ミルガイ・トリガイ・ハマチ・キスが出回り、夏にはオコゼ・マアジ・クロダイ・タコの漁業が、冬にはウルメイワシ・ヒラメ・カレイ（デビル）・ノリ・カキ・小エビの漁業が盛んになる。

広島県の魚市場に水揚げされる主な魚介類は、カタクチイワシ・タチウオ・マダイ・クロダイ・アナゴ・タコ・ガザミ・デビラ（タマカンゾウビラメ）・ナマコである。養殖カキ・ナマコ・デビラ・サメ・ノリは伝統食品の食材として使われている。

川魚では、太田川のアユが有名である。

伝統食品・郷土料理

①ワニ料理

サメの刺身を酢味噌、からし醤油などで食べる。広島県の北部を中心とした秋祭りの祝いの料理である。

②うずみめし

うずみとは、ご飯で汁の具を埋めるという意味。醤油味で煮た小エビなどの魚介類や野菜類を具にし、茶碗の中に入れ、この上にご飯をのせ、汁をかけて食べる。福山地方の農家の豊作に感謝する食べ物であったが、現在は食堂などでも供している。

③カキ料理

広島ガキは小粒であるがコクのあることで知られている。吸い物，殻焼き、酒蒸し、かき鍋、カキ雑炊、カキの土手焼きなどがある。

④小イワシ

● 刺身　広島の行商が売り歩いていたカタクチイワシの刺身で、各家庭で作っていた。おろしショウガ醤油、酢醤油が合う刺身。

● 小イワシの天ぷら　頭だけを除き骨のついたまま天ぷらに揚げる。

● 小イワシの酢醤油漬け　広島の特産の小イワシは水でさらしてから、一口大に切り、おろしショウガ・青ジソを薬味として加え酢醤油に漬けて

賞味する。ショウガをおろして加えた砂糖醤油で煮込む方法もある。

⑤ **デビラ料理**

● **デビラとデビラ茶漬け**　デビラはタマカンゾウヒラメのことで広島ばかりでなく、岡山でも利用する小さいカレイ。乾燥してだしの材料にも使う。広島の尾道地方では、木槌で叩いて骨を潰してから焼き、すり鉢ですり、醤油をつけ、さらにワサビ・焼き味噌・ゴマと一緒にご飯にのせ、熱い番茶をかける。

⑥ **マダイの料理**

　タイ料理は祝い膳に供することが多い。

● **タイの潮煮**　浜焼きしたマダイに豆腐・三つ葉を加え、濃いめに味をつけた煮つけ。

● **たいめん**　姿のまま煮あげたマダイに、茹でた素麺を波形にあしらい、木の芽・青ユズを添える。

● **小ダイの酢漬け**　体長7〜8cmのマダイの稚魚は、酢醤油に漬け、アカトウガラシの輪切りを散らす。

● **クロダイの刺身**　クロダイは身肉が締まっているので、夏の刺身として賞味されることが多い。

● **酢ダイ**　小ダイを直火で焼いて、生酢に漬け、砂糖や醤油を加える。尾道の料理。

⑦ **エビ料理**

● **小エビの茶漬け**　尾道地方の郷土料理。小エビは生のまま身肉を熱いご飯にのせ、おろしワサビをのせ、もみノリを散らして賞味する茶漬け。

⑧ **カキ料理**

　2年生の大粒のカキを使う料理が多い。

● **カキ雑煮**　カキ・焼きアナゴ・ニンジン・ダイコン・昆布・広島菜・蒲鉾・ゆで餅を器に並べ、熱い澄まし汁をかける。

● **カキの釜飯**　カキをのせた米に、水の代わりに醤油で味付けしたダシ汁を加えて炊き上げる。

⑨ **散らしずし**

　秋に作る村上水軍流の散らしずし。キス・マダイ・マダコ・ショウガ・青ジソ・タデ・ミョウガを使った散らしずし。魚は10日間塩漬けし、飯米に麹を2割ほど加え、シソ・タデ・ミョウガを合わせてから、塩抜きし

た魚を重ねていき、重石をのせて1週間ほど熟成させてから食べる。

⑩アユ料理

- アユの煮つけ　太田川のアユはアイギョともいわれている。素焼き、風干しにしたアユと広島菜と一緒に煮つける。
- あゆ素麺　塩焼きしたアユを容器に入れ、これにカツオ節と昆布で調整したダシ汁を加えて冷やす。食べるときに茹でて冷やした素麺を加える。

⑪アナゴ料理

　　冬から春のアナゴが美味しい。

- すし　巻きずし、散しずしに使う。
- その他の料理　茶碗蒸し、照り焼き、アナゴ飯などがある。

⑫コノシロ料理

- このしろ汁　薄塩のコノシロを網の上に載せて焼き、すり鉢でつぶす。焼いて香りをだした赤味噌と混ぜ、熱湯を注いでどろどろしたところに、みじん切りした長ネギを散らす。

肉 食

海軍さんの肉じゃが

▼広島市の1世帯当たりの食肉購入量の変化 (g)

年度	生鮮肉	牛肉	豚肉	鶏肉	その他の肉
2001	41,535	11,202	14,196	12,562	1,796
2006	43,726	9,334	16,482	14,138	1,808
2011	47,625	10,676	16,593	15,038	1,656

　広島県には中国山脈や吉備高原などを源とする太田川、芦田川が流れ、その流域に広島平野や福山平野があるが、全体としては山地が多い。放牧には適した高くない地形である。

　広島県北部の中国山地で飼養されている広島牛は、素牛として古くから血統を受け継ぎ、優秀な雄種牛を作り出している。中国山地は穏やかな気候や風土に恵まれ、中国山脈に続くこの地域は和牛の肥育に適していたのである。同じように日本海側の島根県や鳥取県の中国山脈に続く地域での肉牛の飼育が行われているのは、気候や風土が肉牛の飼育に適しているからであろう。

　広島県畜産課のホームページには、肉牛の飼育事業を始めたい人のために、飼育方法だけなく飼料、消費者への取り組みも支援していることが理解できる。広島県としては、瀬戸内海に存在する多数の島嶼やその周辺の水域を利用した農作物の生産、魚介類の養殖が盛んなので、それらの産業と畜産業の発展に支援していることが明らかである。養豚に関しては、広島県内の養豚業者は年々減少している。広島県の養豚関係者は、協同組合を作り、養豚業の発展に努力している。

　2001年度、2006年度、2011年度の「家計調査」によると、広島市の1世帯当たりの生鮮肉の購入量は、中国地方全体の1世帯当たりに比べると、各年度とも多い。牛肉の購入量については広島市の1世帯当たりの購入量は中国地方のそれに比べて少ないが、豚肉の購入量については広島市の購入量のほうが多い。これは、広島の郷土料理のお好み焼き「広島焼き」は家庭でも作るからかとも想像できる。東京や大阪のお好む焼きと違って広

凡例　生鮮肉、牛肉、豚肉、鶏肉の購入量の出所は総理府発行の「家計調査」による

島焼きに使う豚肉の量が多いからと思われる。

　各年度の生鮮肉の購入量に対する各食肉の購入量の割合をみると、牛肉については、中国地方と同じような傾向がある。広島市の1世帯当たりの各年度の豚肉の購入量の割合が中国地方のそれより多いのは、広島市の家庭では広島焼きを作ることにより多くなっていると推測している。広島市の1世帯当たりの各年度の鶏肉の購入量の割合は、中国地方全体の1世帯当たりの鶏肉の購入量より少ない。生鮮肉に対する購入量の割合から考察すると、広島市の1世帯当たりの牛肉の購入量は、豚肉に比べて少ない傾向がある。

知っておきたい牛肉と郷土料理

銘柄牛の種類

　広島県の北部の中国山地の気候、風土は肉牛の飼養に適しているので、広島牛という立派な銘柄牛の発祥の地となっている。

❶広島牛

　品種は黒毛和種。広島県の主要な系統であった「神石牛」と「比婆牛」の交配により開発された最高の逸品。この2種類のウシの交配により、両者のよいところを取り入れた現在の広島牛が造成された。広島牛の肉質の特徴は筋線維が細かく、無駄な脂肪は少なく、肉色は鮮やかな紅色である。筋繊維が細く無駄な脂肪が少ない「サシ」が細かく入っている。肉質の良さは高く評価されている。繊細な味わいと深いコクがある。

❷神石牛

　古くから神石高原で飼育されている銘柄牛。肉質は甘く軟らかい。ロースは霜降り肉となっていて、筋線維は細かい。サシが均等に入っている肉質は、広島牛の肉質に影響を及ぼしている。甘く、軟らかく、ジューシーさを味わえる。ステーキは表面だけを強火で30秒ほど焼き、その後弱火で90秒ほど加熱することにより、美味しいステーキとなる。

牛肉料理

● **広島牛の料理**　サーロインステーキ、焼肉、牛タンの網焼き、肉の炙り焼き、しゃぶしゃぶ、すき焼きで美味しく食べられる。とくに、広島牛

肉100％のハンバーグの評判がよい。

● **海軍さんの肉じゃが**　おふくろの味としてあげられる「肉じゃが」のルーツは東郷平八郎がひきいる海軍の食事にあったと伝えられている。東郷平八郎がイギリス留学中に食べたビーフシチューを日本の軍艦の調理人に作らせたのが「肉じゃが」の誕生であるという説、軍艦の海軍兵に脚気の発症が多かったので、「肉じゃが」を食べてビタミンB₁の補給のための食事だったという説がある。

知っておきたい豚肉と郷土料理

銘柄豚の種類

❶豚皇（とんこう）

品種は（ランドレース×大ヨークシャー）×デュロック。脂肪の厚さが5mm以下に飼育。枝肉重量は70〜74gの上物。

❷幻霜スペシャルポーク

デュロック種・大ヨークシャー種・ランドレース種の3種を交配させて開発した三元豚。身肉の脂質の構成脂肪酸としてリノール酸やオレイン酸が多いので口腔内で溶けやすく感じる。適した料理はトンカツやしゃぶしゃぶである。

❸幻霜スペシャルポーク（銀華桜）

脂肪に甘味がある。高級料理に使われている。

❹ SAINOポーク

広島県立西条農業高等学校が開発し、ブランドとして登録している。

古くから中国山脈の麓の自然環境のよいところで、黒毛和種が飼育されていて、それが現在の広島の銘柄牛の広島牛に改善されたと伝えられている。中国山脈の山々からの伏流水も家畜の健康によい影響を及ぼしているに違いない。養豚については非常の健康なブタを開発し、わずか4軒の養豚農家で広島の優れた銘柄豚を飼育し、流通にのせている。

❺芸北高原豚

北広島町地区で飼育している。養豚農家が独自に開発した配合飼料を与えて飼育している。肉質は弾力と歯切れがよい。

Ⅱ　食の文化編　83

豚肉料理

- **肉じゃが** 京都の舞鶴市とともに肉じゃがの発祥の地といわれている。呉市の肉じゃがは、じゃがいもはやわらかく、タマネギは歯ごたえを残すようにつくるのが特徴。

知っておきたい鶏肉と郷土料理

❶赤かしわ

軍鶏と白色プリマスロック種とを交配したしゃもロックと卵肉兼用のロードアイランドレッドを交配して造成したもの。脂肪が少なく、適度な歯ごたえがあり、生産量が少なく希少なので大好評の銘柄鶏である。

- **赤かしわの料理** 「赤かしわ」は「赤鶏」ともいわれる。炭火焼きが美味しい。また食酢を使ったさっぱり煮つけも人気の料理である。

知っておきたいその他の肉と郷土料理

広島県も他県と同じように、有害な野生鳥獣類からの害を抑制すること、捕獲した鳥獣類の利用について対策をとっている。とくに野生のイノシシ・シカによる食害が多く、その生息数の調整のために捕獲し、捕獲したものは衛生的な施設で処理し、広島県内のフランスレストランが主体となってジビエの普及に努めているのが現状である。広島市内にはジビエ料理を提供する店が約30軒もある。中国山脈での駆除と捕獲が順調であれば旨いジビエ料理も食べられるわけである。

- **猪肉のしゃぶしゃぶ** イノシシの肉はビタミンやカルシウム、たんぱく質を多く含むことから、栄養補給源としてもよい。イノシシ肉のしゃぶしゃぶを食べ、その後は、たっぷりの野菜を食べて口の中をさっぱりさせるといわれているが、野菜の食物繊維はイノシシ肉にも含まれ、腸に滞留しているものを除去するのによい。
- **つもごりそば（ウサギ、山鳥）** 三次地方の大晦日に食べる年越しそばにはウサギの肉か山鳥の肉を入れていた。現在は鶏肉を入れる。
- **狸汁** 三次地方では、具にはごぼうを使い、臭い消しに山椒が使われていた。タヌキの毛は毛筆に使われ、毛皮は防寒用に、皮は鞴に使われ、昔は高値で取引されていた。

地　鶏

▼広島市の1世帯当たり年間鶏肉・鶏卵購入量

種　類	生鮮肉 (g)	鶏肉 (g)	やきとり (円)	鶏卵 (g)
2000年	44,499	12,143	1,548	33,131
2005年	46,902	14,063	2,231	34,427
2010年	47,352	14,826	1,599	34,788

　広島県域の気候は、穏やかである。北の中国山地が冬の寒気を遮り、南の四国にある山々が台風を止めてくれるので、気候が温暖で農業に適した平地が多い。野菜や果物の栽培が盛んである。畜産では広島牛、芸北高原豚、神石牛（神石高原）が知られている。鶏に関しては、広島しゃも地どり、帝釈峡しゃも地鶏（生産者：帝釈峡特産物加工組合）がある。帝釈峡地鶏は、独自の飼料（酵母や魚粉を配合）を投与し、高級肉の生産に努めている。

　広島県の名物料理の広島焼き（お好み焼き）の片面は薄焼き卵の皮である。この中に、生ラーメン、豚肉、千切りキャベツが挟まっている広島のソールフードである。広島市民は、1週間に2～3度は専門店で食べている。広島焼きを作るには大きな鉄板が必要なので、家で作るところは少ない。

　2000年、2005年、2010年の広島市の1世帯当たりの生鮮肉、鶏肉、鶏卵の購入量は、2000年より2005年、2005年より2010年と現在に近づくほど、購入量は増えている。広島市民の好きな広島焼きには、卵が必要である。卵の購入量は、岡山市よりは多いが山口市に比べると少ない。広島市、岡山市、山口市の1世帯当たりの鶏卵の購入量には大きな差はない。このことは、広島焼きは専門店で食べ、家庭で作る機会は多くないことを意味している。広島焼きに使う肉は、薄切りの豚肉であり、鶏肉は使わない。

　2005年のやきとりの購入金額が2000年、2010年よりも多い。鶏卵の生産も盛んである。

Ⅱ　食の文化編

知っておきたい鶏肉、卵を使った料理

● **広島焼き** 関西風お好み焼きとは異なり、小麦粉、卵、水などで作った生地に、野菜や具材を混ぜて焼くのではなく、それぞれを焼いて重ねるところが特徴。小麦粉を好みの軟らかさに水で溶き、この生地だけを鉄板の上に円を描くように薄く延ばして皮を作り、この上に刻んだキャベツ、もやし、豚肉を載せ、この具材の上からつなぎとして少量の生地を掛け、さらに、へらでひっくり返して両面を焼き、ソースで味を付け、調理した焼きそばを上に載せる。そして、お好み焼きの大きさに焼いた玉子焼きを載せて、ソース、マヨネーズ、青海苔を掛けて食べる。

卵を使った菓子

● **もみじ饅頭** 小麦粉と卵、砂糖を原料としたカステラ生地で、小豆餡を包み、県木の"もみじ"型に焼き上げたカステラ饅頭。"もみじ饅頭"の名前は、明治政府の初代首相の伊藤博文が、宮島の紅葉谷で紅葉狩りをした際に、茶屋でお茶を出した可愛い娘の手を見て、「紅葉のように可愛い手だね」と言った。この言葉を聞いていた宮島の老舗旅館の女将が「紅葉谷に因んで"もみじのお菓子"を作ってみては」と思いついたことに由来するといわれている。

● **五味せんべい** 呉市の銘菓。小判型の小麦粉のせんべい。味は卵、ミルク、みそ、しょうが、豆の五つの味。それぞれの煎餅には、味がわかるように、卵味の煎餅には"鶏"の絵、ミルク味には"牛"の絵が描かれている。

地 鶏

● **広島しゃも地どり** 広島県の特産品として県の畜産試験場（現在の県立畜産技術センター）が作出。瀬戸内に古くから飼育されていた軍鶏と白色プリマスロックを交配した"しゃもロック"と、ロードアイランドレッドを掛け合わせた。名前は、宮島特産の「しゃもじ」にちなんで"広島しゃも地鶏"と名付けた。脂肪が少なく適度な歯ごたえがあり好評。手羽先が2本まるごと入ったレトルトのカレーも開発されている。

● **帝釈峡しゃも地鶏** 県の畜産技術センターが、軍鶏とロードアイランド

レッド、ホワイトロックを交配して作出。帝釈峡特産物加工組合が、孵卵してヒヨコから飼い、食鳥処理、販売までを行う。品質維持のために大量生産は行わずに目の届く範囲で生産している。鶏の健康管理のために飼料にニンニクなどを配合。飼養期間は150日と長い。肉質はやや赤色を帯びた飴色で、適度な歯ごたえとほど良い脂、風味の良い濃い味が特長。和洋中華、煮る揚げるなど幅広い料理に合うが、特に炭火焼の評価が高い。

たまご

- **賢いママのこだわり卵** 健康へのこだわりから、3つの健康成分を強化。抗酸化力があるビタミンEと、生活習慣病やアレルギー、また体内でEPAやDHAになるα-リノレン酸、脳機能に関係するDHAを強化。体がよろこぶ卵。マルサンが生産する。
- **げんまんE** ビタミンEを普通の卵の15倍含んだ卵。サルモネラワクチンを接種して25段階のチェックを行う厳格仕様。安全を確認するためのトレーサビリティコードをつけ生産履歴がわかる安心卵。アキタが生産する。
- **植物育ち** 植物性の専用飼料で育てた。卵の嫌な臭みではなくてふっくらした香りが特長。健康へも配慮して、抗酸化力があるビタミンEと、生活習慣病やアレルギー、また体内でEPAやDHAになるα-リノレン酸を強化した安心卵。マルサンが生産する。

> **県鳥**
>
> **アビ、阿比** 英名 Red-throated Diver。アビ科の冬鳥で、潜水して魚を捕食する。名前の由来は、"魚を食む"が、"はみ"、"阿比"に転じたといわれる。広島の豊島、大崎下島、斉島、上蒲刈島の海域で、アビを使った独特のアビ漁が、古くから行われていたが、近年、渡来羽数が減り、実施できなくなってしまった。

汁　物

汁物と地域の食文化

　広島県を含む山陽地方の地質は、瀬戸内海の地表を覆う花崗岩風化土「マサ土」（岩石が砂泥に変化したもの）で、かんきつ類やそばの栽培に適しているが、2014（平成26）年8月の大雨による土石流の発生に伴う大きな被害の原因ともなっている。これまで、10年に一度の割合で土石流の被害があったが、魚介類や海藻などに恵まれているためか、生活しやすい地域のようである。東北地方や山陰地方に起こった享保・天明・天保の大飢饉のときも、広島など山陽地方の人々は何とか飢えをしのいだ。

　瀬戸内海で漁獲される魚介類と麺類の組み合わせを工夫することに優れているらしく、鯛とそうめんを組み合わせた「鯛めん」は、煮物のような汁物の一種である。瀬戸内海の美味しい小魚の水揚げが多いので、小魚の団子の汁物もある。広島のカキの養殖は、江戸時代前期（延宝年間［1673〜80］）に始まっている。いろいろなカキ料理の中で、汁物としては「カキ雑炊」がある。君田村に伝わる汁物に「けんちゃん汁」がある。サトイモ、ニンジン、豆腐、ゴボウなどを煮込んだ質素な汁物である。語源はけんちん汁と同じように、料理のルーツは節約料理として生まれたようである。

　広島県食文化研究グループの研究（『日本調理科学誌』36巻、2006年）が、広島県民の利用している魚介類（チヌ、マダイ、アナゴ、サバ、イカ、タコ、アジ、カレイ、カキなど）の汁物の調理法を調べた結果、吸物にはエビ、エビジャコ、チヌやマダイを使う場合が多いことが明らかになっている。

汁物の種類と特色

　広島の山間部（三次地方）の郷土料理にワニ（サメの地方名）料理がある。生きているサメの体内に存在する尿素が、即殺に伴いアンモニアに変

わる。アンモニアがサメの体内に溜まるからサメの肉はアンモニア臭いが、アンモニアによりアルカリ性となり腐敗菌が繁殖しないので、広島の山間部まで運ぶことができる。ワニ（サメ）料理には刺身や湯引き、煮物などがあるが、汁物の仲間に属する「ワニのちり鍋」がある。

　養殖カキは「広島ガキ」として流通している。カキの郷土料理として、鍋の内側に味噌の土手をつくる鍋の「かきの土手焼き」や「かき雑煮」がある。「オコゼのみそ汁」「いりこダシの団子汁」「焼きテビラの澄まし汁」「けんちゃん汁」、くず米としいら（粃）を半々ずつ混ぜて作った団子を落とした醤油仕立ての「だんご汁」がある。また、「太田川しじみ汁」「じゃがいも・ねぎ汁」もある。魚介類と海藻を昆布のだしで煮込む「水軍鍋」もある。

食塩・醤油・味噌の特徴

❶食塩の特徴

　広島の製塩は、江戸時代から始められた。上蒲刈島でつくる「海人の藻塩」、仙酔島でつくる「感謝の塩」がある。

❷醤油の特徴

　杉桶で熟成した醤油である。さしみ醤油、かけ醤油を主力のものが多い。だし醤油やカキ醤油もある。

❸味噌の特徴

　広島県の府中市の味噌醸造会社が作る「府中味噌」は、コクのあるうま味と香りに定評がある。

1992年度・2012年度の食塩・醤油・味噌の購入量

▼広島市の1世帯当たり食塩・醤油・味噌購入量（1992年度・2012年度）

年度	食塩（g）	醤油（mℓ）	味噌（g）
1992	2,866	9,861	7,265
2012	1,990	6,711	4,485

▼上記の1992年度購入量に対する 2012年度購入量の割合（%）

食塩	醤油	味噌
64.3	68.1	61.7

　広島市の1世帯当たりの1992年度の醤油購入量は、都道府県庁所在地の中で最も少ない。ところが、2012年度の広島市の1世帯当たり醤油購入量は岡山市より多く、山口市より少ない。1992年度の醤油購入量に対して2012年度は約68％に減少している。広島県の郷土料理には鍋物に使う醤油が多く、食塩を使うすし類が少ない。

地域の主な食材と汁物

　広島の伝統野菜の広島菜や観音ネギは京都の京菜や九条ネギの品種改良によりできたものであることから、京都の農作物が地方の農作物にも影響を及ぼしていたと考えられる。広島菜の古漬けが広島のお好み焼きやカキ料理との相性が良いといわれている。

主な食材

❶伝統野菜・地野菜

　広島菜、観音ネギ、矢賀ウリ、青大キュウリ、広島ワケギ、春菊、矢賀チシャ、笹木三月子ダイコン、広島おくら、深川早生イモ、おおみな（アブラナ科）、祇園パセリ、小松菜

❷主な水揚げ魚介類

　カタクチイワシ、タチウオ、クロダイ、タコ、ナマコ、エビ類、養殖物（カキ、ノリ、マダイ）

❸食肉類

　広島和牛

主な汁物と材料（具材）

汁　物	野菜類	粉物、豆類	魚介類、その他
カキ雑煮	ショウガの汁、薬味（ネギ）	白米飯	カキ、カツオだし汁、淡口醤油仕立て
太田川シジミ汁			太田川のシジミ、味噌汁

ジャガイモ・ネギ汁	ジャガイモ、シイタケ、ネギ	焼き豆腐	カキ、白味噌
カキの土手鍋	白菜、ネギ　など		生カキ、豆腐・味噌
だんご汁	ダイコン、ニンジン、ハクサイ、ネギ、サトイモ、ジャガイモ	くず米粉／米粉→団子	調味（味噌／醤油）
けんちゃん汁	サトイモ、ダイコン、ニンジン、ゴボウ	豆腐、片栗粉	醤油仕立て

郷土料理としての主な汁物

　広島県内の中で、瀬戸内海に面している地域は霜も降りない温暖な気候に恵まれ、郷土料理を生み出す海の幸や野の幸が豊富である。一方、中国山地の冬は積雪寒冷地帯ではあるが多種多様の味覚をもった自然の恵みに富んでいる。珍しい郷土料理は山間の三次地方のサメ（ワニ）料理である。

- **カキの土手焼き**　広島の土手焼きは、カキと野菜を白味噌で煮込んだものである。鍋の周囲にみりん・酒で調味してだし汁でのばした白味噌を、土手のように厚めに塗り、シイタケ・ネギ・焼き豆腐などと一緒にカキを入れて煮る。カキは、熱が通り膨らんだ頃に取り出して食べる。加熱し過ぎるとカキの水分が溶出して小さくてなり、食感も良くない。味噌はカキの調味のための他、カキの生臭みをマスキングする効果と味噌の香味の賦与の効果がある。味噌には乳酸菌と有機酸を含むので酸性であるから、カキの臭みの主体のアミン類（アルカリ性）を中和するので、臭みが消える。

- **水軍鍋**　昆布だし汁やイリコだし汁で、魚介類や海藻を煮込んだ鍋で、酒盛りの後に、この鍋にご飯を入れて雑炊を作る。

- **長ネギとジャガイモのスープ**　長ネギをたくさん入れたスープ。長ネギの量が多いので甘味がある。学校給食などで作られる新しいスープ。

- **ゆめまる汁**　東広島の学校給食の料理で、ジャガイモ、ネギ、タマネギなど、市内産の野菜をたっぷり使う味噌汁。学校給食における、地産地消に取り組んだ料理。

- **けんちゃん汁**　法要のご馳走として作る。各地のけんちん汁やけんちゃん汁と材料や作り方は同じ。君田村地区の郷土料理。

Ⅱ　食の文化編　　91

- **だんご汁**　油木町地区の郷土料理。くず米粉、米粉で作った団子と野菜を味噌味または醤油味にして煮込んだ汁物で、団子が多ければ主食、少なければ惣菜にする。

【コラム】広島焼きの裏舞台にはソース会社の焼き手が

広島のお好み焼きの広島焼きは、東京や大阪のお好み焼きに比べれば、後発のお好み焼きである。それが、全国的に知れるようになった裏方には、お好み焼きのソース会社の努力があったと思われる。ソース会社の「焼き手」という社内認定の技術者がお好み焼き店を開店するところへでかけ、店のレイアウト、焼き方、客への対応、経営について指導するのである。このソース会社は、お好み焼きや焼きそば、たこ焼きに関して科学的に検討し、「理論とマニュアル」book を出版するほど、徹底的に実践と理論を結び付けているのである。

伝統調味料

地域の特性

▼広島市の1世帯当たりの調味料の購入量の変化

年　度	食塩 (g)	醤油 (ml)	味噌 (g)	酢 (ml)
1988	4,082	17,547	8,444	4,013
2000	1,944	7,174	5,835	2,474
2010	2,063	5,872	5,869	3,364

　広島県の代表的な郷土料理には、「広島焼き」という焼きソバがある。それぞれ薄く伸ばして焼いた鶏卵とバッター（水で溶いた小麦粉）の間に、せん切りキャベツと焼きソバが挟んである「お好み焼き」である。広島の住人によると、広島焼きを美味しく食べるにはソースが決め手であるらしい。広島焼きのソースは、広島の地元の5〜6の会社が作っている。ソースメーカーが、お好み焼きを上手に焼く専門家を養成し、お好み焼きの焼き方の指導もしているほど、広島のお好み焼きは市民に広がり、1週間に何度かお好み焼きを家庭でつくるか、専門店にでかけて食べるようである。

　1世帯当たりの調味料の購入量は、他県の都市と比較して大きな差はないが、ソースメーカーの利用する調味料の量を考慮すれば、広島市民の調味料の購入量は多くなっているに違いない。広島はカキ、ブリ、マダイ、ノリなどの養殖が盛んであるが、尾道から宮島にかけてアナゴがたくさんとれたこともあったことから、「アナゴ飯」「アナゴの蒲焼き」は宮島口の名物となっている。背開きにして串に刺して、タレを付けて焼く。これがアナゴの蒲焼きである。またアナゴのだし汁で炊いたご飯にアナゴの蒲焼きをのせる。これがアナゴ飯である。広島には「アナゴとタレ」や「お好み焼きとソース」と粘性のあるソース用調味料が多いようである。

　カキの食べ方は酢ガキ、天ぷら、フライなどいろいろあるが、味噌の風味や匂いのマスキングを活かした食べ方が「土手鍋」である。広島のカキ

料理の中でも圧巻である。カキと野菜を白味噌で煮込んだものである。鍋の周囲にみりん・酒で調味しただし汁でのばした白味噌を、土手のようにやや厚めに鍋の壁に沿って塗り、シイタケ・ネギ・焼き豆腐・白滝と一緒に、カキを入れて煮る。大阪や関東、仙台では白味噌でなく赤味噌を使うことが多い。

　広島県の郷土料理には「海老茶漬け」（尾道）、「デビラ茶漬け」（尾道）などの茶漬けがある。海老茶漬けは、小エビは茹でて醤油に漬けてから焼いてよくほぐし、刻みネギ・ワサビ・もみ海苔などの薬味と一緒に、熱いご飯にのせて番茶をかけて食べる。デビラ茶漬けは木の葉に似たデビラガレイの干物を、木槌で叩いて骨を潰してから焼き、すり鉢で擦り醤油をつけて、ワサビ・焼き味噌・胡麻と一緒にご飯の上にのせて、熱い番茶をかけて食べる。瀬戸内海に面している広島県の住民は、雑魚として取り扱われている魚介類の美味しい食べ方が、醤油や味噌を使うことによって工夫されている。

　広島の代表的な漬物には、「広島菜漬け」がある。食塩・コメ麹・コンブ・トウガラシで調味して漬け込むのが美味しい。とくに浅漬けが美味しいとの地元の人のすすめである。この漬物はカキ料理ともよく合う。カキの鍋物のお供には用意したい漬物である。

知っておきたい郷土の調味料

　広島県には、80を超える清酒メーカーがあるということは、水質が軟水であるから麹が働きやすいからとも推測できる。麹の力により作る味噌・醤油に広島県の水は最適であるといえる。広島の水の水質は中国山脈から流れる伏流水や広島平野・福山平野を流れる太田川・芦田川の豊富な水も醤油や味噌づくりを促している。

醤油・味噌

● **府中味噌**　広島県府中市の味噌醸造会社で作る味噌は「府中味噌」といわれている。コクのあるうま味と香には定評がある。メーカーによっては白味噌、米味噌、麦味噌をも製造・販売している。みそ汁をつくるのにだしを入れなくてもよい「イリコだし汁」を入れた「いりこ味噌」も販売している。府中味噌を使った味噌ラーメンもある。

- **フリーズドライ味噌（凍結乾燥みそ）**　凍結乾燥したスープやみそ汁は、そのまま熱湯で溶かせば具もだし汁も入っているので、忙しいときのスープとして便利である。味噌だけを凍結乾燥したものの用途は、みそ汁でない。水を加えて溶かしたものは、アイスクリームにかけ、和の味のあるアイスクリームなどにも使える。メーカーは広島県府中市の浅野味噌㈱である。

- **白味噌**　府中味噌のメーカーが作っている。クリーム色の白さは漂白剤を使わず、色の薄い大豆を原料として作っている。白味噌の味の特徴は甘みである。甘みは麹の使用量を多目にすることによりでてくる甘さである。関西地方のお雑煮に欠かせない白味噌である。

- **杉桶で熟成の醤油**　広島の醤油メーカーは創業以来、120〜150年の歴史があり、伝統的な手法を守りながらうま味のある醤油を製造・販売している。さしみ醤油、かけ醤油を主力に作っている。

- **だし醤油**　すだちポン酢醤油、根昆布醤油（根こんぶのエキスを加えたもの）がある。メーカーは川中醤油である。

- **かき醤油**　本醸造醤油に広島産のかきのうま味を加え、さらにカツオ節、昆布、しいたけのそれぞれのだし汁、みりん、砂糖を加えただし醤油である。メーカーは㈱アサムラサキで、広島県の物産として広島県のナンバーワン商品となっている。

食塩

- **広島県と塩**　江戸時代に塩分濃度の濃い竹原地区で製塩業が始められた。播州赤穂から導入した入浜式製塩法で始められた。現在、竹原市歴史民俗資料館として資料が保存されている。

- **海人の藻塩**　瀬戸内海西部に位置する上蒲刈島の大浦の中で潮流の速い岬に海水の取水口を置き、ポンプで汲み上げ、パイプで工場へ運ぶ。約7倍に濃縮した海水に海藻のホンダワラを浸漬し、海藻のエキスを抽出した後、釜で6〜8時間に詰める（蒲刈物産㈱）。

- **仙酔島　感謝の塩**　福山市の鞆町の潮流の速い鞆の浦に浮かぶ仙酔島から、彦浦の製塩工場へパイプで海水を汲み入れる。ステンレス製塩釜で送風バーナーで順次煮詰めて塩の結晶を調製（国民宿舎仙酔島）。

Ⅱ　食の文化編　　95

ソース

- **広島焼き用ソース（お好み焼き用ソース）** 広島の市民は週に何回かは広島焼きというお好み焼きを食べるそうである。広島焼きの鉄板の面積は比較的大きいので、一般の家庭ではつくりにくいから、専門店に食べに行く。広島焼きはソースで食べるといわれているように、ソースについては、客も作るほうもこだわりがあるようである。広島焼き用のソースのメーカーはいくつかあるが、もっともよく知られているのが「オタフクソース」である。ソースの材料はトマトやリンゴなどの野菜や果物、独特のあるナツメヤシの実、その他天然醸造法で作った調味料を加えてつくり、合成着色料や保存料は一切使用していない。広島焼きの生地、具材、焼き方などについてオタフクソースの会社独自の研究を行い、それに合うソースも開発している。

- **オイスターソース** 広島産カキで作ったオイスターソースである。とろみをつけるために、海藻から調製したオリゴ糖を加え、食塩は自然塩を使っている。サラリとしたしたソースでべたつくような甘さはない。

郷土料理と調味料

- **タイの浜焼き** 300年前から製塩工場で作っていた。塩釜からだしたばかりの熱い塩にタイを埋め込み蒸し焼きにして、保存性と風味を高めたものである。現在は、食塩で新鮮なタイを包んでから加熱して作る。

- **広島菜漬け** 米麹・昆布・唐辛子を混ぜて調味したもので、広島菜を漬けたもの。浅漬けは香味がよく、人気である。古漬けは野沢菜の塩漬けのようにあめ色に変わる。広島のカキ料理ともよく合う漬物である。

発　酵

酒類総合研究所と「きき猪口」

◆地域の特色

　瀬戸内海沿岸部に向かって、中国山地と平行に高地から低地へ階段状の地形を形成している。また、開けた平野部は河川流域と河口付近のみに限られ、海岸のすぐ側まで山が迫っている場所も珍しくない。花崗岩類とその風化産物であるマサ（真砂）が広域に分布し、表土の下に広がるマサ土の層は最大数十mの厚さに達する。そのため、急傾斜地崩壊などの危険個所も多い。瀬戸内海には大小合わせて約140の島を有する。島嶼部を含め山がちの地形のため、2005（平成17）年現在、棚田の数では日本で1位である。

　北部の豪雪地帯は日本海側気候、それ以外の地域は瀬戸内海式気候に分類される。山間部は冬の雪と梅雨の大雨で比較的降水量が多く、広島市など西部は、雨が少ないといわれている瀬戸内の中では雨量は多い。

　広島市は中国・四国地方最大の都市である。一方で海、山の豊富な自然にも恵まれ、農業、漁業も盛んである。また、安芸の宮島と原爆ドームの二つのユネスコ世界遺産を有しており、日本国外からの観光客も多い。

　農産物としては、サヤエンドウやミカンが比較的多く穫れる。特徴のあるものとしては、全国1位のクワイ、全国3位のツケナとエリンギがある。漁業では、安芸灘（広島湾）での「牡蠣養殖」は生産量日本一で全国の牡蠣生産量の約半分を占めている。その他、小イワシやシラスも豊富に漁獲される。

◆発酵の歴史と文化

　江戸時代、北海道から下関を経由して瀬戸内海の大坂に向かう北前船は、さまざまな物資を輸送するばかりでなく、文化も全国に広めた。

　当時、雨が少ないことから、製塩が盛んであった竹原には北前船が寄港する港があり、竹原で造られる塩は北前船に乗って遠方に運ばれていた。

Ⅱ　食の文化編

製塩業を営んでいた小笹屋（おざさや）は、製塩業は冬場は暇なこと、また、港に入る船に酒がよく売れたことから、1733（享保18）年に酒造株を手に入れ、酒造りを始めたといわれている。江戸時代後期には、現在の酒名である「竹鶴」が造られていた。竹原は製塩と同時に酒造業が盛んな街で、大正時代には竹原には50の酒蔵が存在し西条を凌ぐ酒の産地だった。また「竹鶴」を造る竹鶴酒造はニッカウヰスキーの創業者である竹鶴政孝の生家である。北前船は、日本酒造り、さらにウイスキー造りへと影響を与えたのである。

◆主な発酵食品

醤油　一般的に、濃口（こいくち）と淡口（うすくち）のほか、再仕込みなどさまざまな醤油が造られている。牡蠣のだし入りの「牡蠣醤油」を造るアサムラサキ（福山市）のほか、ユーメン醤油（広島市）、五日市醤油（広島市）、寺岡有機醸造（福山市）、マルビシ醤油（福山市）、佐伯醤油（廿日市市）、本むらさき（呉市）など約25の蔵がある。

味噌　中国地方は、米味噌と麦味噌の交わる場所で、広島では米味噌、麦味噌の両方が造られている。

備後国府と呼ばれた府中市は、良質な水を供給する中国山地に囲まれた盆地で、芦田川流域で造られる良質米と県北部の大豆を原料とした白味噌の自家醸造が盛んだった。その技が受け継がれ、独特な風味の府中味噌が発展してきた。麹の割合が多いことが特徴とされ、麹が多い分、塩分が少ない減塩の味噌となる。関西白味噌、四国の讃岐味噌と並ぶ代表的な白味噌の一つである。浅野味噌（府中市）、金光味噌（府中市）、新庄みそ（広島市）、ますやみそ（呉市）などで造られている。

日本酒　瀬戸内海および盆地に囲まれた温和な気候風土に恵まれ、甘口、辛口、淡麗、濃醇まで個性的な味わいの酒が揃っている。1907（明治40）年に東京の醸造試験所で開かれた第1回「全国酒類品評会」で「広島の酒」は圧勝し、酒どころ広島の名声を一気に高め、全国の愛飲家から脚光を浴びた。東広島市西条は、灘、伏見と並び三大名醸地と評されている。酒造りに使用される水は、発酵を促進させるカルシウムを多く含む硬水が理想的といわれているが、県内の地層は花崗岩層で湧き出る水は特にカルシウム含量の少ない軟水である。そのため、軟水醸造法という独自の手法が開発され、吟醸酒などきめの細かい澄んだ味わいの酒が造ら

れている。酒米産地は、花崗岩質の土壌に恵まれ、標高200〜400mの中山間部にある。代表的な品種として、「八反」「雄町」「山田錦」のほか、新しい品種の「千本錦」も開発されている。

賀茂鶴酒造（東広島市）、白牡丹酒造（東広島市）、賀茂泉酒造（東広島市）、西條鶴醸造清酒（西条）、竹鶴酒造（竹原市）、中尾醸造（竹原市）、中国醸造（廿日市市）、梅田酒造場（広島市）、三宅本店（呉市）、榎酒造（呉市）、天寶一（福山市）、比婆美人酒造（庄原市）など約50の蔵がある。

焼酎　福山市特産のクワイを使用した焼酎を造るアシードブリュー（福山市）や、県産紅あずまを使った芋焼酎を造る中国醸造（廿日市市）などがある。

ワイン　広島県一のブドウ産地の三次盆地にある広島三次ワイナリー（三次市）のほか、せらワイナリー（世羅郡）などがある。

ビール　広島県瀬戸田産のブラッドオレンジの果汁を絞ってビールとともに再発酵させたフルーツビールを造る宮島ビール（廿日市市）などがある。

酢　広島県産白米を静置発酵で熟成させた米酢が、センナリ（広島市）、杉田与次兵衛商店（尾道市）、尾道造酢（尾道市）などで造られている。

ソース　たくさんの野菜、果実に香辛料をブレンドし、デーツのコクのある甘さが特徴のお好み焼き専用のソースがオタフクソース（広島市）から販売されている。広島風お好み焼きにはなくてはならないソースとして人気がある。

ヨーグルト　日本で初めてヨーグルトを発売した会社は、チチヤス（廿日市市）であり、1917（大正6）年にチチヤスヨーグルトとして発売された。現在でも、さまざまなヨーグルトを製造している。

植物発酵食品　食べにくく消化しにくい食用植物の難点を、微生物発酵させることにより解決した新しい型の発酵食品であり、万田発酵（尾道市）では、さまざまなタイプの商品を製造している。

パン　全国にアンデルセン、リトルマーメイドを展開しているタカキベーカリーは1948（昭和23）年に広島市で創業した会社で、長時間発酵ブレッドなどさまざまなパンを販売している。

広島菜漬け　広島菜は、信州の野沢菜、九州の高菜と合わせて「日本三大漬菜」と呼ばれる。1株が2〜3kgと重量があるアブラナ

科に属する野菜で、葉は大きく幅も広い。塩漬けや醤油漬けにする。

◆発酵食品を使った郷土料理など

広島風お好み焼き　水に溶いた小麦粉を生地として、野菜、肉、魚介類など好みの材料を使用し、鉄板の上で焼き上げ、甘口のソース、マヨネーズ、青のりなどの調味料を付けて食べる。焼き方や具材は地域によって差がみられるが、広島風は生地で蓋をして「蒸し焼き」にするのが特徴である。

あずまずし　酢で締めたママカリやコノシロなどを使った握りずしの一種で、酢飯の代わりに酢で味付けした「おから」を使う広島県や岡山県などの瀬戸内地域の郷土料理である。山間部では同様のものを「卯の花ずし」と呼んでいる。

うずみ　県東部の福山市近辺で食べられている郷土料理である。うずみの由来は、江戸時代に行われた倹約政治のため贅沢品とされた鶏肉、エビなどを堂々と口にすることができない庶民が、具をご飯で隠しながら食べたことが始まりだといわれている。一見するとただの白いご飯だが、そこにだし、淡口醤油、酒をかけて、ご飯を箸で持ち上げると、中からエビやタイなどの具が出てくる。これが、福山市で人気の「福山鯛うずみ」である。

梅紫蘇巻（うめ し そ まき）　江戸時代に考案されたもので、青梅を塩漬け乾燥した後、砂糖をまぶしてシソで巻き、1年間寝かせた、伝統的なおかずである。現在では梅肉とシソを海苔で巻いた巻きずしとして食べられている。

おはっすん　県内陸部で作られる郷土料理で、煮物料理である。八寸（はっすん）とも呼ばれる。サトイモ、ニンジン、レンコン、シイタケ、ゴボウ、こんにゃく、ダイコン、タケノコ、エビ、鶏肉などをとり合わせ、砂糖と醤油で煮込んだ煮物である。

カキの土手鍋（どて なべ）　鍋の周りに味噌を塗り付け、牡蠣（か き）と豆腐や野菜を煮ながら食べる郷土料理である。

美酒鍋（び しょなべ）　東広島市西条地域で作られる、鶏肉、豚肉、野菜などと日本酒を使った宴会料理で、本来は鉄板で焼きながら日本酒を足していくので鉄板料理にも分類される。調理の際に日本酒をびしょびしょに

なるまで足して焼くのでこう呼ばれる。

角寿司（かくずし）　広島市周辺で作られる郷土料理で、押し抜きずしである。木型に酢飯を詰め、しめ鯖、薄焼き卵、シイタケを甘辛く煮付けたものをのせて、押し出して作る。

鰐料理（わにりょうり）　三次市や庄原市などの備北地域で食べられる郷土料理である。鰐とはサメのことで、生のまま刺身として食べるのが最もポピュラーであり、醤油に加える薬味としてはショウガが広く用いられる。また、脂身を薄くそぎ切りにし、湯引きして酢味噌で和えものにすることも多い。

◆特色のある発酵文化

備後絣（びんごがすり）　福山市で製造されている絣で、伊予絣、久留米絣とともに日本三大絣の一つとされる。江戸時代の染め方を守り、天然藍で染められている。

◆発酵関連の博物館・美術館

小笹屋酒の資料館（竹原市）　ニッカウヰスキーの創始者竹鶴政孝の生家でもある竹鶴酒造の古い蔵を改装して作られた日本酒の資料館で、酒造りの道具などが展示されている。

◆発酵関連の研究をしている大学・研究所

酒類総合研究所　東広島市にある財務省所管の独立行政法人で、酒類に関する総合的研究機関である。1904（明治37）年に東京都に設立された醸造試験所が、1995（平成7）年に広島県に移転し、名称も変更された。

広島大学工学部第三類（応用化学・生物工学・化学工学系）生物工学プログラム

発酵工学ならびに酵母などの微生物学分野で先端的な研究が行われている。また、発酵食品の生活習慣病など疾病予防作用の解明などを目指して、「日本食・発酵食品の革新的研究開発拠点」が置かれている。

Ⅱ　食の文化編

コラム　貴醸酒

　水の代わりに酒で仕込んだ酒で、日本酒度は−50〜−30（通常の酒は−5〜＋5）と非常に甘く、独特のとろみのある日本酒である。主に食前酒として飲まれる。ワインでいえば、貴腐ワインのトロッケンベーレンアウスレーゼのような味がする。造り方は、醤油における再仕込み醤油（甘露醤油）とも似ている。

　通常の日本酒は、米100に対して水130を使って造る。これに対して、貴醸酒は、三段仕込みの最終段階である留仕込みのときに、仕込み水の代わりにでき上がった日本酒を使う。そのため、貴醸酒では米100に対して水70と酒60を仕込み水のように使って造ることになる。留め仕込みの時点でアルコール度数が高くなるので、酵母による発酵は緩慢となり、麹による糖化が先行するので、とろりとした甘口の酒となる。醸造試験所の佐藤信らにより開発され特許が取られた1978（昭和53）年頃は製造する蔵も多くはなかったが、最近では多くの会社で製造されている。呉市にある榎酒造は、開発当初から貴醸酒を造っており、同社を中心とした貴醸酒協会の加盟蔵により製造、販売されている。

和菓子 / 郷土菓子

いが餅

地域の特性

　日本列島の山陽地方の中心に位置し、温暖な気候と瀬戸内海、中国山地の2つの豊かな自然に恵まれている。県庁の所在地広島は、自動車産業や商業が盛んであるが、農業も漁業も盛んで"日本国の縮図"とよばれる。
　県内は広島市を中心に県西部の「安芸」地方、県東部の福山市を中心に「備後」地方に区分され、近年は県北部の「備北」地方が加えられている。
　西国最大の戦国大名だった毛利氏は、1600（慶長5）年の関ヶ原の戦い以降、120万石から周防・長門2国36万9,000石に減じられ、長門・萩藩主として江戸時代260年間を過ごした。だが、広島といえば毛利氏の痕跡が今も色濃く残り、広島の県名すら毛利氏の祖・大江広元（おおえのひろもと）（1148～1225）の広からきているという説まである。
　お菓子にも毛利氏は健在で広島の代表菓子「川通り餅」は、安芸における毛利氏の発祥地・安芸吉田庄に伝わる菓子で、毛利輝元の広島進出の際伝えられたものであった。一方、福山には初代藩主水野氏に関わる菓子があり、殿様に因んだ菓子を楽しんでみよう。

地域の歴史・文化とお菓子

殿様の風物菓子「川通り餅」と「とんど饅頭」

①広島の師走の風物詩「かわどおり」

　旧暦12月1日を、昔は「川通り節供」「川浸りの朔日（ついたち）」といった。訛ってカビタレ、カワタレ、カワワタシともいい、水神様に因む行事が行われ、この日餅を食べると水難を免れるといわれた。この餅を「川浸れ餅」「川渡（わた）り餅」と称し、九州の長崎市内では12月1日の朝、「川渡り餅」を売りに来た。それを食べれば、川で溺れないといい、この日、餅を食べてから川を渡るものだと各地で言い伝えている。

Ⅱ　食の文化編

水の都・広島市内でも水難除けに餅を配る風習があり、その餅を「川通り餅」といった。戦前は12月1日の夜、町中を「かわどおり、かわどおり」と餅を売り歩く声が聞こえ、師走の風物詩であった。

②毛利氏の武勲を伝える「川通り餅」

「川通り餅」は、毛利輝元（1553～1625）が広島城に移る際、この地方に伝えられたもので、由来は毛利氏発祥の地・安芸吉田庄（安芸高田市）にある。1350（正平5）年12月1日、毛利師親（元春）が、石見国の佐波善四郎との戦いで江の川を渡ろうとした時、小石が浮き上がり鐙に引っかかった。師親はこれを「八幡宮の奇瑞」として石を懐に入れ、川を渡って大勝利を得た。後に小石は宮崎八幡宮に奉納された。里人たちは大層喜び、この石を餅に見立て「川通り餅」として祝ったのが始まりとされる。

県下には、12月1日にぼた餅を膝に塗り、「師走の川にこけませんように……」と祈る風習もある。

「川通り餅」は、広島市の菓子処・亀屋の銘菓で伝統の餅を再現させたものである。胡桃入りの求肥餅に黄な粉がまぶされ、一口サイズの風味豊かな餅で「もみじ饅頭」とともに広島の代表的な土産菓子である。亀屋は1946（昭和21）年の創業である。

③福山城完成と水野氏

福山藩初代藩主・水野勝成（1564～1651）は徳川家康の従兄弟で、戦国期から江戸初期にかけての武将で大名。三河刈谷藩主から大和郡山藩主を経て福山藩主となる。現在の福山は当時、海沿いの漁村でここに白羽の矢を立てた水野氏は、築城開始から3年近くの歳月を要し、1622（元和8）年に完成する。10万石の城としては破格の巨城で5層の天守閣をもっていた。これはもちろん西国鎮衡で、参勤交代時には聳え立つ福山城をみることができた。意外だが藩主・水野勝成と宮本武蔵は関係が深く、大坂夏の陣の際、武蔵は福山藩にいて2代目勝俊（当時17歳）の護衛として参戦していた。

④福山の「とんど祭り」

「とんど」は小正月行事の左義長のことで、福山の「とんど」は家々の正月飾りや書き初めなどを集め、青竹を束ねた上に藁で作った縁起物の「鶴亀」「宝船」「懸け鯛」「五葉松」などを豪快に飾り付ける。そして、京都の祇園祭の「山鉾巡行」のように各町内から集まった「とんど」が城下を

練り歩いた。夜は河原に集めて火を放ち一年の無病息災を祈り、正月の神様・先祖の霊を送る行事であった。

この行事は福山城築城の際、町衆が「とんど」を担いで盛大に築城祝いを行った。それ以来1970（昭和45）年頃まで約350年間も続いていた。江戸後期の1814（文化11）年以降に出版された、屋代弘賢『諸国風俗問状答』の「備後国福山領風俗問状答」には豪華な「とんど」の挿絵が掲載されている。

⑤築城祝いの「とんど饅頭」

「とんど饅頭」を作る虎屋本舗は、元兵庫の高田屋という廻船問屋で、福山藩主の要請で、幕府から下賜された、京都伏見城（廃城となっていた）の部材を運ぶ仕事をしていた。その功績で初代高田宗樹は福山に土地を拝領して移り住み、1620（元和6）年には菓子屋も営んでいた。1622（元和8）年に福山城が完成した折、祝儀の席に献上したのが「とんど饅頭」で、命名は藩主自ら縁起のよい「福山とんど祭り」に因んでいた。

「とんど饅頭」はこぶりな焼き菓子だが、中には高級な備後・備中の白小豆の漉し餡が入り、上品な甘さが味わい深い。

とんど祭りは途絶えたが、藩政時代を今に伝える貴重な菓子である。

行事とお菓子

①正月のお年玉は「つるし柿」2つ

「広島に2つのかきあり」といわれ1に「海の牡蠣」、2につるし柿として知られる「西条の柿」である。旧河内町（現東広島市）地方もつるし柿の産地で、秋になると家族総出で干し柿作りをした。甘い物の少なかった時代につるし柿は嬉しいお茶受けであり、おやつであった。この地方では正月のお年玉として子供たちに、つるし柿2個ずつを配る習わしがあった。

来客には湯のみ茶碗に1つ入れ、番茶か熱湯をかけて出した。

県内にはつるし柿を使ったお菓子も多々あるが、渋柿のシブ抜きもさまざまで、盥に藁を敷き、柿を並べ熱湯をかけて蓋をすると2、3日で渋が抜ける。新しい漬け菜の汁に1週間入れておくと渋が抜ける。こうした柿を「あわし柿」といった。酒樽に藁を敷いて醂す方法もある。

②ひな節供の「ほとぎ」

県内の雛祭りの供え物は、よもぎ餅と白餅の菱餅、よもぎ団子に昔はほ

Ⅱ　食の文化編　　105

うこ（母子草）を搗き混ぜたほうこ団子もあった。そして甘酒に「ほとぎ」。
「ほとぎ」は雛あられのことで、「鳥取県」の項の「おいり」とよく似てい
る。玄米を炒って花のように爆ぜさせて塩味をつける。黒大豆やあられに
切った干し餅（こおりもち）をこんがりと炒り、白下糖を混ぜたり、麦芽
で作った水飴で固めたものである。水飴でからめたものを別名「いりがね」
ともよんだ。

③端午の節供の「かしわ餅」

　西日本の「かしわ餅」の葉は、ユリ科のつる性低木の山帰来の葉で、山
帰来はサルトリイバラともいった。楕円形のハート型の葉で、これに餡入
りの団子や餅を包む。この山帰来の呼び名が県下でもまちまちで、旧賀茂
郡地方では「かたら」、芸北山間地では「たたらごう」といい、この葉で
巻いた団子を「しば団子」ともいった。旧由木町周辺では「くいの葉」、
この葉で巻いた餅を単に「巻き」ともいう。県内だけでも数種名あり、日
本全国では250種以上あった。県下のかしわ餅は端午の節供のみならず、
田植えの終わった「しろみて」や「泥落とし」などにも作られた。

④宮島の「たのもさん」

　八朔（旧8月1日）の行事で、田の実、田の面、頼みなどと書き、農作
物の豊作を祈る全国的行事である。宮島では手製の小さな「たのも船」を
作り、船内には新米の粉で作った家族の人数分の「団子人形」「踊り子」「団
子犬」、さらにぼた餅、果物、お賽銭をのせて流すのである。宮島は名の
とおり「神の島」で、古来「土地を耕さぬ」という信仰があり農耕をしな
い。そのため農作物への感謝の念が厚かった。この「たのも船」は、対岸
の大野町のお稲荷様に向けて流すので、かつては大野町の人たちが拾い、
田畑に置くと豊作になるといわれていた。

　「たのもさん」は愛媛県にもあり「八朔行事」は瀬戸内海沿岸地方に多い。

⑤呉・亀山八幡宮秋祭りの「いが餅」

　毎年10月9、10日に行われ、呉の総氏神の祭り。2日で20万人の人出
があり、この祭りで欠かせないのが「いが餅」。もち米の粉で作った餅に
餡を包み上面に赤・緑・黄に染めた米粒をのせて蒸したもの。白米など口
にできなかった昔、雑穀で作った餅に数粒の米粒をのせ、せめて祭りには
贅沢をしたいという願いがあった。

知っておきたい郷土のお菓子

- **柿羊羹祇園坊**（広島市）　平安堂梅坪の銘菓。祇園坊は西条柿と並ぶ名産の柿。種がほとんどなく干し柿に最適で、これを糖蜜に漬け、備中産白小豆の羊羹に刻み入れ、伝統の技法で煉り上げたもの。

- **ひろ柿**（広島市）　戦前の凮月堂の銘菓「ころ柿」を、風雅堂が引き継ぎ再現した。ジャム状にした干し柿を求肥に練り込み、薄く延ばして短冊形に切る。凮月堂は原爆で焼失したが、この味だけは継続されている。

- **大石餅**（広島市）　広島浅野家は赤穂浅野家の本家で、赤穂浪士討ち入りの後、広島浅野家に預けられた浪士の家族に大石内蔵助の妻がいた。妻は国泰寺の供養塔にお参りする際白い餅を供えていた。その餅が戦前「大石餅」とよばれ名物となった。戦争で途絶えたが、近年三河屋により復元された。江戸期からあった別の「大石餅屋」は1998（平成10）年に廃業した。

- **もみじ饅頭**（宮島町）　厳島神社のある宮島の景勝地・紅葉谷に因み、紅葉の葉を象った餡入りのカステラ饅頭。土地の和菓子職人高津常助が1906（明治39）年に創製し、最初は「紅葉型焼饅頭」と称していた。宮島では創業大正年間の藤い屋のものが最も古いとされる。

- **泡雪**（三次市）　創業160年の三次浅野家御用達しの東地屋の銘菓。「泡雪」は溶かした寒天に砂糖と泡立てた卵白を加えて固めた泡雪羹。山口や岡崎にもあり、卵黄を使った羊羹と美しい詰め合わせで販売。

- **鯨羊羹**（尾道市）　鯨の黒い皮とその内側の白い脂肪層を、黒の錦玉羹と白く透明感のある道明寺羹で表現。一度絶えたが「中屋」が復元。

- **玉浦煎餅**（尾道市）　1916（大正5）年創業の金萬堂本舗の名物煎餅。淡白な風味の白い薄焼き煎餅で、昔、観光名所・千光寺山腹で光を放ち、船乗りの目印になっていた「玉の岩伝説」に因んでいる。

- **ヤッサ饅頭**（三原市）　包んだ粒餡がところどころみえる焼き饅頭。三原城築城を祝い、地元の"ヤッサ踊り"に因んで人々が「ヤッサ、ヤッサ」の掛け声で踊ったのが菓子名の始まり。1912（大正元）年ヤッサ饅頭本舗が創製した。

- **むろの木**（福山市）　三河屋の銘菓。鞆の浦にはかつて目印ともいえる立派なむろの木（ネズ）があった。万葉歌人・大伴旅人が太宰府の任を

Ⅱ　食の文化編　　107

終え、ここに立ち寄り「吾妹子が見し鞆の浦のむろの木は　とこ世にあれど見し人ぞなき」と妻を偲ぶ歌を残した。この菓子は栗、干ぶどう、柚子の入る粒餡を、饅頭生地で包み、むろの木に模した樟状の焼菓子。

● **乳団子**(庄原市)　元祖は和泉和光堂。明治に県内初の七塚原牧場ができ、牛乳を主原料に初代が創製した牛乳入り求肥餅。1934（昭和9）年に発売した。

● **竹屋饅頭**（庄原市）　幕末創業の竹屋饅頭本舗の酒饅頭。東城町は広島浅野家の城代家老の城下町。初代が徒然に作っていた饅頭が評判となり開業。昔風酒種酵母の饅頭は、今も早朝4時から作り消費期限2日である。

乾物／干物

音戸ちりめん

地域特性

　中国地方最大の都市、広島市は政令指定都市に指定されている。瀬戸内海に面し、入り組んだ海岸から数多くの島があり、海産物も多く捕れ、北部中国山脈を背に広島平野、福山平野から広島三次盆地には多くの河川が集まり、瀬戸内海へと流れていることから、海、山共に豊富な自然に恵まれている。

　気候的には北部の豪雪地帯は日本海式気候と瀬戸内海式気候に分かれ、広島市は比較的雨が少ないようだが、気候の変化は激しく複雑。冬の季節風の影響で山沿いは積雪。中国山地と瀬戸内海側の気候の変化が多いようである。

　経済的には戦時中の主要海軍の拠点である。呉の造船施設をはじめ、自動車など鉄鋼産業を中心に発展し、工業県として発展している。広島は1945（昭和20）年の米国による原爆投下により大きく変貌を遂げることになり、近年は世界遺産原爆ドーム、安芸の宮島、厳島神社、四国と結ぶしまなみ海道に見る観光県としても大きく発展している。

知っておきたい乾物／干物とその加工品

広島大豆「さちゆたか」　広島県在来のサチユタカはタンパク質含有率が低く、豆腐に使うと食味がよい。味噌加工用に適し、淡色系である。広島では、サチユタカの播種時期が梅雨時に当たるため、湿害による出芽不良や初期生育不良などで収穫量が安定しないことから、近年は交配新品種「あきまろ」に転作されてきている。蒸し大豆として市販されている。

こうせん（香煎）　イネ科の越年草であるオオムギを煎ってから粉にした製品。地域によって呼び名が異なる。砂糖を加えてそのまま食べたり、水または湯で練って食べたりする。

広島風お好み焼き

戦争で食料が不足した時代から戦後にかけて、少量の小麦粉と野菜を多く使用して作られたお好み焼きが始まりである。戦前は子供のおやつ代わりであったが、現在は広島県内に約1,700軒以上店があるといわれ、人口当たり日本一である。広島風お好み焼きは昔から一貫して生地と具材を混ぜずに焼く重ね焼きで、当初は肉が入っていなかったようだが、現在は野菜の重ね焼きで2つ折にしてクレープのように皮を作り、キャベツ、揚げ玉、焼きそば、卵焼きなどを重ねたものが中心である。2つ折にしてはさむというスタイルは、現在でも呉地方を中心に残っており、「呉焼」とも呼ばれている。広島風お好み焼きも最初のころはウスターソースを使っていたが、具が多くなり、そばを焼きそばのようにソースで味を付けて塗ったりした時期もあったようだが、お好み焼きの具材に合うような酸味のある液体ソースなどが出回り、いまは濃厚ソースなど、多種多様である。

＜一般的な製造工程＞

①水に小麦粉を溶き、山芋などを入れたりしながら、鉄板の上で円形に薄く、クレープの皮のように生地を焼く。

②生地の上に魚粉、キャベツ、天かす、豚肉などを乗せ、ひっくり返し、生地をふたとして具材を蒸し焼きにする。

③生地を上にし、炒めた中華麺やうどんを乗せる。

④卵を割って円形に伸ばし、その上に本体を乗せる。

⑤ひっくり返して卵の面を上にし、ソースや青海苔をかける。そのほか、具材としてマヨネーズ、紅しょうが、かつお節、桜えびなどさまざまで、その店の特徴を出している。

　広島県内でも、地域によってお好み焼きがいろいろなバリエーションに変化しているが、基本的には歴史に基づいて作られているようだ。

・三原市の三原焼きでは鳥もつ入り。

・世羅町の「せら恵み焼き」はトマト、大葉、チーズ入り。

・神石高原町は神石牛、こんにゃく麺、トマトソース入り。

・三次市はピリ辛、赤い色麺、カップソース使用。

・広島市はお好み焼き用ソースとチーズ入り。

・呉市は細うどんを使い、卵で閉じて半月状に折る。

・尾道市は砂ずり、いか天、わけぎ入り。

・廿日市市は牡蠣と大葉入り。

　以上に、地域の産物使用グランプリに出展した御当地お好み焼き例を示した。

音戸ちりめん

広島県呉市音戸町（現 呉市）は、急潮の中で行きかう渡し船の多さで知られている。その音戸の近海で水揚げされたカタクチイワシの稚魚を素早く釜で炊き上げて天日乾燥で適度に加工した日本古来の自然食品である。瀬戸内海という波の穏やかな海域で育まれたしらすを、洗練された加工技術と選別に時間をかけ、人の手間のみで仕上げる大変な作業である。

音戸かえりいりこ

ちりめんが成長し（3〜4cm）加工されたものを帰りちりめんという。乾燥具合はいりこに近く、ちりめんを「モチモチ」したとたとえるとしたら、ちりめんは「サクサク」とした食感が受けている。「かえり」という名前の由来は、卵から稚魚に孵るからといわれている。

干しえび

瀬戸内海の朝一番に水揚げされた地元の赤えびだけにこだわって仕上げたうま味がいっぱい詰まった干しえびは、殻まで食べられる。干しえびは、うま味だけでなくカルシウムやタウリンがたっぷり含まれている。

片口いわし

口の上部より下部の方が小さいので、片口いわしと呼ばれている。身に歯ごたえがあり、いわしの中でも一番おいしいといわれている。中部日本でまんべんなく捕れるが、特に瀬戸内海の漁獲量が多くなっている。

　ちりめんとしらすの違いは、どちらもカタクチイワシの稚魚で、塩水で2〜3分茹でてから乾燥したもので、ちりめんじゃこは関西方面でよく使い、しらすは半生乾燥したものを、関東では多く使われている。

Ⅲ

営みの文化編

伝統行事

厳島神社管弦祭

地域の特性

広島県は、中国地方中南部に位置し、瀬戸内海に面する。その80パーセントが山地で、北部には中国山地が横たわり、東部は吉備高原、西部は冠山山地が海にせまっている。山地から大田川・芦田川が流れ、下流に広島平野・福山平野を形成する。また、山間部には三次盆地などの盆地が散在する。気候は、いわゆる瀬戸内海型で、温暖、晴天の日が多く、降水量は少ない。一方、中国山地周辺では冬の寒気が激しく、積雪も多い。

江戸時代には、広島藩と福山藩に分かれており、それぞれ沿岸部で新田・塩田の開発を進めた。沿岸部は、尾道・三原・呉・広島など良港に恵まれている。とくに、近代以降は港湾開発とともに重工業の発達をみた。なお、呉はかつての軍港でもあった。昭和20（1945）年、原子爆弾の投下による広島市の悲劇については、あらためていうまでもなかろう。復興はむつかしい、といわれていたが、「恒久の平和を実現しようとする理想の象徴」として復興が成った。

なお、伝統工芸では、宮島焼、宮島細工、備後絣、琴、熊野筆などが有名である。

行事・祭礼と芸能の特色

旧藩でいう広島を中心とする安芸地方と福山を中心とする備後地方では、文化的な風土に違いがある。安芸は、「安芸門徒」といわれるように真宗（浄土真宗）の普及をみたところで、真宗以前の民俗文化がみえにくくもなっている。したがって、伝統的な神事や芸能は備後に多く伝わっている。たとえば、式年制の荒神神楽は、備後に分布をみる。しかし、安芸地方にも神楽が伝わる。いわゆる浄土神楽といわれるもので、神事色は薄く、それだけに時代の先端の演芸を取りいれながら大衆芸能の色あいを強めた展開をみせている。

広島県下の代表的な民俗芸能として、比婆荒神神楽（庄原市）、壬生の花田植（北広島町）、安芸のはやし田（北広島町ほか）、本地の花笠踊（山北広島町）、弓神楽（府中市）、阿刀神楽（広島市）などがある。

主な行事・祭礼・芸能

厳島神社の祭礼

島廻祭　3月1日から11月30日までのあいだ、随時行なわれる。もとは、旧暦2月初申の日の御祭から11月初申の御鎮座祭までのあいだに行なわれた。願主の依頼に応じて行なうことが多く定日はなかったが、厳島講員のため、講社祭の翌日5月15日に恒例執行されるようになった。社伝によれば、祭神がこの地に鎮座しようとして島々を巡幸した際、雌雄の烏が飛んで来て祭神を厳島に導いたという故事により、島々浦々に祠を建て、これを七浦七恵比寿と称して、これらの神社を船で巡拝する行事を行なうようになった、という。

当日朝、境内の三笠浜から出船、第一拝所の杉浦神社に渡り、ここで茅の輪をくぐり、祓いをする。次いで、鷹洲浦の鷹洲神社、腰細浦の腰細浦神社、青海苔浦の青海苔神社、山白浦の山白神社、須屋浦の須屋浦神社、御床浦の御床神社、大元浦の大元神社に参拝し、最後に厳島本社に還る。このうち、杉浦神社と山白神社では、烏祭といって、烏に団子と幣を供する儀式がある。神鴉は、ふつうの烏とは違って鳩と烏の中間ぐらいの大きさで、羽は純黒で2羽しかいない、という。|島廻りの船に前後して飛び、末社の鳥居の上、松の上で船を待っていて、願主が家内安全・商売繁盛の祝詞を読み、三宝に粢（米の粉）をのせて流し、笛を吹くと、神鴉は一直線に舞い降りて来てついばむ。烏が現れない場合は、御籤によって探す方が九を占い、その方向を訪ねると烏がついてくる」、という伝説が語り継がれている。一行のなかに穢れのある者がいると、烏は団子を食べに来ない、ともいわれてきた。

管弦祭　旧暦6月17日に行なわれる厳島神社最大の式典で、船まつりとして名高い。

当日夜、大鳥居前沖に御座船（まつりのために新造された屋形船に幔幕をめぐらし、中央に美しい鳳輦を据え、神職・楽人が左右に居並ぶ）を3

Ⅲ　営みの文化編　　115

隻浮かべ、それを3隻の漕ぎ船が曳いて、管弦を奏しながら対岸の地御前神社・島廻祭神社・長浜神社・大元神社を巡る。そのようすは平安絵巻さながらである。船は、夜遅く帰還する。土地の伝えによると、平清盛の厳島詣でになぞらえたものだという。

なお、まつりを行なうに先だって、11日に御州堀の行事（大鳥居から客神社への船の通路をこしらえる）、15日に御船組の行事（御座船の製作）、16日に御乗初め（新造船を海に出して大鳥居沖を1周する）の行事が行なわれる。

鎮火祭　12月31日の夜に行なわれる火まつり。

神社前で祭典ののち、忌火を境内参道付近に設けた斎場の大松明に移し、待ちかまえていた多くの若者たちがそれぞれ持参した各自の大松明・小松明にその神火を争って点火する。そして、参道入口の大鳥居まで走って行き、先頭で到着した者は、その年の福運をえることができる、とする。また、松明の燃え残りを持ち帰ると、火除けのまじないになる、ともいう。

なお、12月晦日に鎮火祭を行なう例は、ほかにも数多い。古くは、宮中においても6月と12月の晦日の夜、行なっていた。

吉備津神社のほらふき神事と八講祭

備後の吉備津神社（福山市）における特殊神事。

ほらふき神事は、節分（2月3日）の夜に行なわれる行事。「ほらふきくらべ」「嘘つき会」ともいわれる。

備後内からはもちろん、岡山・四国方面から300名近くの話好きが集まって嘘の講演会を開く。境内の番所の囲炉裏の火を中心に、寒餅を焼いて食べながら嘘話をして夜を明かすのである。もとは、年送りの夜籠りの人びとが退屈しのぎに世間話に花を咲かせたことがはじまり、という。

八講祭は、旧暦3月10日に行なわれる。1年に一度、神宝を氏子たちに拝観させて神徳をしのばせるために行なわれる神事である。

火の玉・水の玉・土の玉・鶏香爐・重輿記・陵王面・納蘇利面・採桑老面・赤馬頭面などの神宝をはじめ、太刀・弓・鞭・楯などの行列が、楽が奏じられるなか、神苑を3周する。また、神楽が奉納される。

沼名前御弓神事と御手火神事

沼名前神社（福山市鞆町後地）の行事。

御弓神事は、旧正月の6日・7日に行なわれる。6日は、叙位詣といって、

116

夕方当番町内の者が裃姿で、親弓主・子弓主・小姓・矢取の順に親弓・子弓などの飾り弓を持って、「申す申す御弓申す」と唱えながら本社に参拝する。神社では、神功皇后の御神像を安置した神座と、武内宿弥が応神天皇を抱いている神像を安置した神座を設け、前者には松の木を飾った親弓を立て、後者には同じ飾りをつけた子弓を立てる。そして、神官以下が参進して祭典を行ない、その後勧盃式にうつり、氏子たちは、その時「よう飲めよう飲め」と囃す。次いで、奉幣式を行なう。

7日は午後に、町内こぞって前日同様に「申す申す御弓申す」と唱えながら参詣する。祭典のあと、福包（熨斗・萱・勝栗・昆布・黒豆・田作りを包む）が授与される。次いで弓場へ行って、主典が白木の矢で出仕の持つ的を射て、さらに四方に向けて射る。次に、親弓主と子弓主が、それぞれ雌雄の矢で射的を競う行事があり、終わると拝観者が争って大的を奪い合う。大的は、経木に紙を貼り、それに円を描いて裏に鬼の字を記したもの。これは、悪鬼を射ち払わんがため、という。その後、親弓主以下は、町内にいったん戻り、再び「申す申す御弓申す」と唱えながら神社にお礼参りに行く。

一方、御手火神事は、旧暦6月4日に行なわれる。「神輿洗い」「おいでの神事」ともいう。

御手火とは、神火を点じた松明のこと。当日夜、大太鼓の連打を合図に祭典を営み、その後、宮司が石の間で忌火を鑽り出し、小手火（松を小割にしてそれを青竹・横縄・たて縄などで結んだもの）にその火を移す。さらに、それを世話役が奉じて社殿石段下の3本の大手火（長さ約1丈2尺＝3.3メートル、重さ約130キロ）に火を移す。次いで、当番の氏子100人余りが、その大松明を担いで神社の参道を駆け登り、拝殿前に設けた置場に暫時立てかけ、さらにそれを持って境内を清めてまわる。この間、参詣の人たちも手に手に小松明をかざして神火をもらい受けようと押し合い、一面は火の海のようになる。

やがて、大手火を神輿庫に持って行き、先端で扉を突いて開き、中から3基の神輿を迎える。なお、神輿の渡御は7日に行なわれる。

花田植　6月中旬ごろ、県北一帯で行なわれる田植行事。サンバイサマ（田の神）を田に迎えて、部落全体が共同して行なう。古風な田植歌を歌い、太鼓などを打ち鳴らしながら田植えを行なうもの。大田

植ともいうし、はやし田ともいう。代表的なものに、壬生の花田植、新庄のはやし田、変宮のはやし田などがある。

なかでも、壬生（山県郡）の花田植は、最大規模を誇って有名である。昭和51（1976）年には、国の重要無形民俗文化財に指定された。また、平成23（2011）年にはユネスコの世界遺産にも記載されている。

現在は、6月の第1日曜日に所定の水田で行なわれる。主役は、数頭の牛。造花を取りつけた鞍を載せ、頭を紅の鉢巻で飾る。そして、馬鍬を引いて代かき（泥ならし）を行なう。

そのあと、音頭とり、囃子方（笛・鉦・小鼓・大太鼓）、早乙女などが、それぞれに菅笠をかぶり、着物や法被を着けて田に入る。とりわけ、緋木綿に腰巻、紅襷で着飾った早乙女たちが見物人の注目を集める。音頭とりが打ち鳴らすササラ（竹製の打楽器）の拍子にあわせ、囃子方が大太鼓や小太鼓、笛や手打鉦で囃す。そして、音頭とりに導かれながら、早乙女が田植歌を歌いながら植えていくのである。

豊作祈願の祝祭であることは、いうをまたない。一方で、小正月（1月中旬）や節分（2月初旬）のころ、田起し、田ならしや田植えを模擬しての予祝祭が全国に分布をみる。ここでは、実際の田植えをしながらの華やかな祝祭であること、それを伝えてきたこと。そこに、特色と意味をもつのである。

三原やっさ踊

8月の第2金曜日・土曜日・日曜日に行なわれる。約400年前、小早隆景が築城の際、老若男女が落成を祝って踊ったのがはじまり、と伝わる。現在では、市民総参加の催しとなっており、踊りの型も各人自由である。見物のための有料のさじきも設けられる。

比婆荒神神楽

中国山脈の比婆山麓の西城町や東城町に伝わる神楽。この地域には、中世の名残とみられる「名」（ムラ）のかたちがそのまま残されている。「名」ごとの祖霊神・開作神・産土神としての土着的な性格を有するのが荒神である。とくに、備中・備後地方の山地農村での荒神信仰は厚く、7年・9年・13年・17年・33年目などに行なわれる式年祭に荒神神楽が奉納される。もとは、田の中などに神殿を設けてそれを主な舞所としたが、今日では、神社の拝殿や民家を用いることもある。

まず、大当屋（頭屋）に荒神を迎えて、神職による「打立て」「曲舞」「指紙」「榊舞」「猿田彦」「御座の舞」「神迎え」の七座神事が行なわれる。そののち、神職たちが楽と神楽歌に合わせて舞所の前に吊るされた色とりどりの切り紙飾りのついた「白蓋」を、上下左右に紐で引き動かす。降神神事である。それからいよいよ能舞（神話能）がはじまる。

　能舞は、大国主命の「国譲り」や大蛇退治をテーマにした「八重垣」、五行思想を説く「五行舞」など。演劇的な構成がなされている。

　「辰押し」は託宣神楽である。舞所に吊るされた藁製の蛇（辰）を舞台に降ろして神職や舞人たちが力いっぱい押し合うもので、何度か繰り返しているうちに神職が神懸って太い青竹を折ってしまうというもの。荒神神楽は、全体に鎮魂の要素が強いが、とくにこの託宣の神事は興味深い。

　比婆荒神神楽は、昭和54（1979）年に国の重要無形民俗文化財に指定された。

ハレの日の食事

　福山・尾道地方の祝い膳には、鯛麺が出される。一般に大皿に焼鯛が盛りつけられ、周りに素麺が配される。すしやかまぼこ（別皿）とともに結婚式の披露宴や棟上げの祝いの席に供される。タイは、「めでたい」、素麺は「細く長く」という意味で、めでたい縁がいつまでも続くようにとの思いがこめられている。

　県北の花田植えの参加者には、「さんばい」と呼ばれるきな粉むすび、ちらしずし、もぐりずしなどの弁当がふるまわれる。

Ⅲ　営みの文化編

寺社信仰

厳島神社（宮島）

寺社信仰の特色

　広島県を代表する寺社の筆頭は、廿日市市にある日本三景の一つ「安芸の宮島」こと厳島に鎮座する世界遺産「厳島神社」と思われる。島全体が信仰の対象で、最高峰の弥山には三鬼大権現が祀られた。全国各地にある厳島神社の総本社であり、安芸一宮、名神大社でもある。近世には厳島詣で七浦巡り（御島廻り）が盛んで「安芸の宮島廻れば七里、浦は七浦七胡子」と唄われ、厳島弁天は日本三大弁天と崇められた。末社の四宮神社には八朔の行事〈宮島のタノモサン〉‡が伝承されている。

　廿日市市で阿岐国造の飽速玉男命を祀る速谷神社も名神大社で、安芸総鎮守と称されており、厳島神社を凌ぐ社格を有したと伝える。安芸国分寺は、県内最大の三ッ城古墳とともに東広島市の西条に位置する。

　備後一宮は福山市にある吉備津神社または素盞嗚神社といわれる。前者は一宮さん、後者は天王さんと親しまれる。福山市には備後国分寺と備後安国寺もある。

　備後二宮は、備後一宮の吉備津神社から祭神を勧請した福山市の二宮神社とも、庄原市の吉備津神社とも、中国地方最大級の古墳群の麓に鎮座する三次市の知波夜比古神社ともいわれる。

　県内で最も寺社が多いのは尾道と思われる。尾道浦は瀬戸内最大級の港町であった。本堂と多宝塔が国宝の浄土寺には、吉和町の〈太鼓おどり〉の民俗も伝わる。隣の海龍寺の裏には石鎚山のウツシがあり、鎖場も再現されている。同じく港で栄えた福山市の鞆浦も寺社が多い。

　現在、県内で最も多くの参拝者を集めるのは広島城（鯉城）に建つ護国神社（広島市中区）といわれ、鯉に因んだ広島のプロ野球球団カープは毎年必勝祈願で参拝する。1868年、二葉の里（東区）に広島藩士高間省三らを祀った水草霊社が始まりで、1956年に当地へ遷座した。人間悪の象徴である世界遺産「原爆ドーム」にもほど近い。

凡例　†：国指定の重要無形／有形民俗文化財、‡：登録有形民俗文化財と記録作成等の措置を講ずべき無形の民俗文化財。また巡礼の霊場(札所)となっている場合は算用数字を用いて略記した

主な寺社信仰

一松院（いっしょういん）　福山市横尾町（よこおちょう）。高野山真言宗。大悲山と号す。本尊は石造聖観音立像である。昔は盈進高校が建つ峠山（横尾山）の北麓にあり、尼僧が住していたが、都市計画で当地へ移され、今は無住となっている。峠山を巡る八十八ヶ所の1番と88番の札所であり、境内には1804年建立の回国供養塔など石造物が多く残る。旧地の字はミチガシラ（道頭）で、府中（ふちゅう）・東城（とうじょう）・井原（いばら）など北のほうから福山城下へ入る道の合流点として賑わった。そこに休み堂として建立された四ツ堂（辻堂）が当寺の前身で、築山堂（つきやまどう）とよばれていた。現在も備後地方南部を中心に現存する〈安芸・備後の辻堂の習俗〉‡の一つと思われる。備後福山藩初代の水野勝成（なり）は流浪時代の経験から、旅人の憩（いこい）の亭として吹き放し堂を領内に数多くつくらせたと伝え、社交・親睦・信仰・接待の場としても利用された。

本荘神社（ほんじょう）　福山市松永町。1759年、松永村の庄屋らが本庄重政（ほんじょうしげまさ）を村の開祖と崇め、重政の菩提寺である臨済宗妙心寺派吸江山（きゅうこうざん）承天寺の境内にその霊を祀って社殿を創建したのが始まりで、以来毎年4月15日に例祭を営んだという。1831年に重政の邸宅跡地である現在地に遷座した。重政は1667年、松永湾を干拓して広大な入浜式塩田を築き上げ、「松寿永年（しょうじゅえいねん）」にちなみ「松永」と命名した人物である。以来、松永塩田は瀬戸内海を代表する製塩地として栄えた。1878年、塩を煮詰める薪（まき）を材料としてつくられたのが松永下駄で、安価な大衆の下駄として人気を集め、1955年頃には日本一の生産量を誇った。下駄産業百年を記念して設立された日本はきもの博物館は〈はきものコレクション〉†2,266点の収蔵で知られ、2015年には松永はきもの資料館となり、郷土玩具も展示している。

鶴岡八幡神社（つるおかはちまん）　神石高原町下豊松。11世紀、豊松地方が渡辺綱（わたなべのつな）（源頼光の家来）の領地であった頃、領民らが領主の武運長久と領内の繁栄を祈って、源氏の氏神である相模国鶴岡八幡宮（つるがおか）の分霊を勧請して創建したと伝える。当初は米見山（よなみやま）に奉斎（ほうさい）したが、間もなく現在地である和部山に遷座したという。近郷8か庄の総鎮守と崇められ、10月の秋祭には〈神事―渡り拍子・宮座・御湯立神事・やぶさめ神事〉とともに、郷内の神々を迎えて舞殿（まいどの）で行われる神殿行事（こうどの）として〈八ヶ社神楽（はっかしゃかぐら）〉が営まれてきた。神楽は備中神楽（吉備神楽）を将来し、宮中神楽と伊勢

Ⅲ　営みの文化編　　121

神楽の一部を取り入れたもので、神職が8か社で舞い継いできたものである。渡り拍子は太鼓踊りと神輿供奉から成る。豊松は大仙供養田植や登拝講でも知られ、〈豊松の信仰用具〉[†]が社近くの文化財収蔵庫で保管されている。

井永八幡神社（いながはちまん）

府中市上下町井永。1325年、井永郷の六兵衛が甲奴郡総鎮守大宮八幡宮（三次市甲奴町本郷）の廃祀に際して木幣1本を持ち帰って奉斎したのが始まりと伝え、龍頭山八幡宮と崇められた。大宮八幡宮は石清水八幡宮別宮御調八幡宮（三原市八幡町宮内）を勧請して創祀されたが、宮座の席次を巡る争いで刃傷沙汰となり、殿内は血で染まり、殺到した16郷の氏子らが神器を奪い合って各郷に持ち帰ったという。例大祭は11月で、4年ごとに式年荒神舞がある。9月の豊穣祭には〈弓神楽〉[‡]の奉納があり、揺輪（伏せた半切桶）の上に置いた弓の弦を打ち竹で叩きながら古調の祭文を唱える。弓祈禱や家神楽ともよばれ、手草祭文で穢れを祓い、土公祭文で土公神を鎮め、五穀豊穣や家内安全を祈る。

大仙神社（だいせん）

庄原市東城町塩原。多飯が辻山の山頂近くに鎮座。伯耆国の大山より牛馬守護の信仰を集める智明大権現（本地は地蔵菩薩）を勧請したもので、伯耆大山寺の直轄御免拝所として近郷の大山信仰の中心となり、塩原大仙と崇められてきた。登拝口には伯耆大山寺末の別当大仙寺の後身である曹洞宗多飯山医王寺が建ち、牛供養の地蔵石仏もみられる。毎年春秋には大仙祭が盛大に営まれ、それとは別に不慮の死に遭った牛馬の霊を慰める〈塩原の大山供養田植〉[†]も随時行われた。現在はほぼ3年に一度、5月末に麓の石神社前で、神職の大祓と僧侶の回向による神仏混淆の牛馬供養とともに、田植踊り、牛による田の代掻き、早乙女による太鼓田植が営まれ、翌日に供養札が当社に納められている（御札納め）。なお、塩原では〈比婆荒神神楽〉[†]の奉納も行われている。

照林坊（しょうりんぼう）

三次市三次町。浄土真宗本願寺派。明鏡山と号す。江の川に馬洗川・西城川が合流する旧市街の南端に建つ。江の川は中国地方最大の河川で「中国太郎」と親しまれ、〈三次鵜飼の民俗技術〉が伝承されており、〈江の川流域の漁撈用具〉[†]が国史跡「浄楽寺・七ツ塚古墳群」に建つ県立歴史民俗資料館で展示されている。1642年、三次藩初代浅野長治の命で現在地へ移建された。開基の明光上人は叡山に学び鎌倉最宝寺

の住となるが、親鸞に師事して西国布教を任され、備後国沼隈郡で寂した。子孫は御調郡や高田郡で布教し、備後や安芸に末寺231か寺を擁し「西の本山」と称された。16世紀には親鸞真影と証如寿像の安置、石山本願寺御坊同様の本堂建築が許可され、祖師報恩講を本山同様に行った。盆に色彩豊かな紙灯籠を供えるのは安芸門徒独自の民俗である。

久井稲生神社

三原市久井町江木。亀甲山に鎮座。山城国伏見より伊奈利大明神の分霊を日本で初めて勧請したのが始まりと伝え、稲荷様と親しまれたが、明治初年に「稲生」と替字した。当地は伏見稲荷本社の神田であった。2月には県内唯一の裸祭があり、陰陽（赤白）2本の御福木を男衆が奪い合う。7月には境内の八重垣神社の祭に〈稲生神社ぎおん祭のおどり〉が奉納される。10月の例祭では、1598年の『稲荷御当之覺』の記録とほぼ同じ形で伝承される、〈久井稲生神社の御当〉‡が行われる。見子の当（社家社人の座）に続いて東座（領家の座）と西座（地頭の座）があり、献饌された大鯛が古式で捌かれる。社頭では昔、伯耆国大仙市、豊後国浜ノ市と並ぶ日本三大牛市の一つが立ったが、今は歴史民俗資料館が建ち〈久井町の節句どろ人形〉などを展示している。

大須賀神社

三原市新倉。沼田川の河口北岸に鎮座。安芸国の東端で、備後国との境にあり、社前には辻堂と公民館が建つ。15世紀に死んだ牛の霊を祀ったのが始まりと伝え、牛神社と親しまれる。たびたび洪水を起こした沼田川の河口改良工事に伴い、1933年に当地へ移された。本殿は岩を積んで築いた洞窟造りとなっている。境内の小堂に62番宝寿寺とあるのは三原新四国の札所であろうか。例祭は8月16日で、雨乞いと虫送りを兼ねて沼田・小坂・八ツ頭（明神・田野浦）・宗郷の市内4団体が〈ちんこんかん〉の踊りを奉納する。小坂・荻路・沼田下の3村が牛馬の安全を祈って幟1本と踊りを奉納したのが始まりとされる。沼田では社前での奉納後、北の高地にある瘡神社まで鉦を叩いて歩き、各家の前で踊る。

阿刀明神社

広島市安佐南区沼田町阿戸。殿山に鎮座。巨樹が繁る社叢に囲まれ、山御所とも称される。阿刀氏の氏神と伝え、可美真手命や天照大神を祀る。1837年に弁財天（宗像三女神）とともに八幡宮に合祀され、現在地に社殿が新築され、神域に杉や高野槙が植えられたという。1871年、現称に改めた。10月の例祭には〈阿刀神楽〉‡が奉

Ⅲ　営みの文化編　123

納される。中国地方一帯に伝承される出雲神楽の流れを汲み、12の演目で構成される十二神祇系の神楽となっている。所務（所望）分け（五行の舞）はいわゆる五郎王子神楽（五行神楽）で、柔術のような舞は周防国から移った宇高宗助の演出によるという。納めの舞は将軍（死に入り）で、舞人が激しく舞った末に失神状態になり、太夫の祈禱によって甦る。昔は天蓋に吊るした米袋を射ると同時に神憑りし、託宣も行われたという。

壬生神社

北広島町壬生。津久羅山（高峰城跡）の麓に鎮座。毛利元就が八幡神を勧請して創建した壬生新宮社が始まりと伝える。6月第1日曜日にはユネスコ無形文化遺産〈壬生の花田植〉†があり、田の神サンバイを迎え、稲作の無事と豊作を祈願する。当日は太鼓踊（豊年踊）の〈本地の花笠踊〉‡も披露される。壬生の花田植（囃し田）は西日本最大の規模を誇り、壬生と川東の田楽団が花牛（飾り牛）による代掻きや早乙女の田植を伝承している。大きな振りで太鼓を打ち鳴らす囃し方が、時折桴を投げ上げて隣に渡す技は壮観である。川東には花田植の楽器や服装品を集大成した〈川東のはやし田用具〉†が伝承され、芸北民俗芸能保存伝承館では花田植・花笠踊の資料とともに〈芸北の染織用具および草木染めコレクション〉†を展示している。8月には万燈祭がある。

原田八幡神社

安芸高田市高宮町原田。石見国阿須那の高橋氏が築いた高橋城跡の東麓に鎮座。例祭は9月で、高田神楽の奉納がある。これは八調子の勇壮で変化に富んだ神楽で、阿須那系の石見神楽が伝わったものと考えられている。5月には〈はやし田〉‡（大田植）があり、サンバイ様（田の神）を田に迎え、田踊や田植を行う。田植歌の種類が豊富で旋律がゆるやかで美しいのは、原田が腰まで泥に浸るような深田地帯であったことに由来する。中世の『大山寺縁起絵巻』などに残る田植を伝承する貴重な民俗として、北広島町の〈新庄のはやし田〉‡とともに〈安芸のはやし田〉†と称される。社の北隣には榎の大木がそびえ、樹下には荒神の小祠がある。高橋城跡の西にある猪掛（宍戸）城跡から掘り出された石像を原田往還の中ほどに安置して榎を植えたと伝えられている。

湯之山神社

広島市佐伯区湯来町和田。県内唯一の国民保健温泉地に指定される湯の山温泉に鎮座。当地では昔から鉱泉の湧出があり、温泉大明神や湯之山大明神と親しまれてきた。1748年に湧

出が盛んとなり、江戸七賢人で広島藩主の浅野吉長が入湯、1750年には本殿・拝殿・湯坪を建立し、鉄燈籠一対を奉納した。以来、藩指定の湯治場となって栄え、最盛期には領内外から月に3,000人の入湯があったという。霊験の湯として知られ、湯治で快癒した人々の奉納した松葉杖や琵琶が拝殿に奉納されている。今も霊泉水を汲んで「お幸泉」を入れる人が絶えない。拝殿の下には〈湯ノ山明神旧湯治場〉[+]が今も残り、湯屋の板壁には入湯者の墨書の数々が残されている。岩崖を掘り窪めた素朴な湯坪で、女湯の跡も確認されている。現在、崖下に共同浴場が新設されている。

伝統工芸

熊野筆

地域の特性

　広島県は中国地方の中央に位置し、北に島根県、東は岡山県、西は山口県と接し、南は瀬戸内海に面している。中国山地の標高1200m前後の峰が連なる高地と、500mくらいの高原地帯、200m以下の平野部に大別される階段状の地形に特徴がある。穏やかな気候で、植生豊かな上に水にも恵まれている。牡蠣やレモンなどの名産品がある。太陽と風、さらに潤沢な水が揃った環境のもとで、木工や織物などの伝統工芸が発達し、さまざまな暮らしの道具をつくり出してきた地域である。

　旧石器時代から人々が居住し、飛鳥時代には寺院が建立されたといわれている。8世紀に、備後国分寺が福山の神辺に、安芸国分寺は東広島の西条に創建された。平安時代、平清盛は嚴島神社に特色のある社殿を築いた。戦国時代には、中国地方を征した毛利氏が広島城を築いたが、関ヶ原の戦いで敗れ、広島藩には浅野氏、福山藩には、当初は水野氏、次に松平氏、さらに阿部氏が封じられた。主にこの時代に、現在も広島県を代表する伝統工芸が育まれていったのである。

　現在では、西部の「安芸」、東部の「備後」の二つの地域に広島市と福山市があり、都市圏を中心に商工業が発展する一方、自然環境を活かした漁業や農業も盛んである。

伝統工芸の特徴とその由来

　広島球場で応援に登場する宮島の「しゃもじ」の製造は、江戸時代中期に始まったといわれているが、宮島で木工芸が始まったのは16世紀後半である。毛利氏が命じた社殿の改築に集められた大工たちによるとされている。材料となる良質な木材は、中国山地から伐り出された。クリやホオなど特に粘り気のある良材を産出する戸河内に、宮島の刳りものの技が伝え

られ、伝統工芸の「戸河内刻物」として伝承されている。

　仏壇は、指物や彫刻、金工、漆芸など伝統工芸の集大成といわれる。「広島仏壇」は、広島藩主浅野氏がもたらした漆塗りの技術を受け継ぎ、塗りに関して特に高い評価を得ている。

　福山藩では、芸事を尊ぶ文化が育まれ、箏曲の名手が出たこともあり、音色も装飾も優れた琴がつくられるようになった。福山藩の瀬戸内海沿岸の干拓により栽培された綿花からは、藍染の綿織物が生産された。後に、絣の技法が創始され、「備後絣」として全国に出荷された。備後の熊野では、農閑期に筆などの行商を行っていたが、江戸時代末期に筆づくりを学び、筆の里となった。

知っておきたい主な伝統工芸品

宮島細工 (廿日市市)

　宮島細工は、クワ、ケヤキ、トチノキ、サクラなどを、轆轤、刳り、彫刻などの技法を用いてつくられる木工芸である。自然木の色や杢目、手触りなどのもち味を活かして、杓子や盆、茶托、箱物などがつくられている。厳島神社の大鳥居を彫刻した大盆や、桜の花びらをちりばめた棗（茶道において抹茶を入れる容器）などもあれば、廿日市市が発祥の地であるけん玉に彫刻を施した現代らしい作品もある。むろん、しゃもじの人気も健在である。

　宮島の厳島神社は、今から約1400年前、593（推古天皇元）年に創建された。1168（仁安3）年頃、平清盛が、日本で唯一、潮の満ち干のある浜辺に立つ、現在のような寝殿づくりの社殿を建立した。ご神体が宮島なので、島を傷つけないように配慮して浜辺を選んだという。そして、1571（元亀2）年に、毛利氏が本殿の改築を始め大規模な修復を行った。この改築のために、鎌倉や京都から宮大工や指物師が招かれた。木工の技をもつ職人たちが、中国山地の豊かな森林から切り出される木材の集積地であった廿日市に来たことが、宮島細工の始まりとなった。

　杓子については、寛政年間（1789〜1800年）の頃に宮島在住の僧誓真が弁財天のもつ琵琶の形から杓子を考案し、製法を島民に教えたことに始まるといわれる。誓真は誰もが使うしゃもじに縁起のよい弁財天の物語を加味して土産品を開発したのである。

　轆轤細工は、1850（嘉永3）年頃に小田権六宮島が伝えたという。明治時

Ⅲ　営みの文化編　　**127**

代初期、足踏式轆轤が開発され、菓子器、重弁当などさまざまな品物が製作された。宮島彫りは、広島藩主の命で1856（安政3）年から広島にいた、甲州（現・山梨県）の波木井昇斎が技術を伝授したという。明治以降は鉄道が開通し、嚴島神社の参詣や、広島の軍港などに訪れる人々の土産品となったことにより、宮島細工が広く知られるようになった。

戸河内刳物 (山県郡安芸太田町)

戸河内刳物といえば、杓子である。森の中の宮島細工と呼びたい刳りものである。「浮上お玉」と呼ばれる木杓子は伝統的な代表作品で、水に沈まない素材を使うため、うっかり鍋に落としてもその名のとおり沈まない。杓子をベースにして、さじや鉢などがつくられている。木から削り出す力強い造形と、鑿の彫り痕や摺り漆の自然な色合いに魅力がある。

地元のホオノキ、サクラ、クワ、トチノキなどの丸太を切り、鉈や鉋、鑿などで皮を剥ぐことから始まり、十数工程の手仕事を経て出来上がる。道具も職人が自分でつくり、使い分ける。

戸河内は、宮島細工の材料である粘り気をもつ良質な木材が伐採される地域であった。クリ、ケヤキやホオノキ、ヤマザクラなど戸河内の木は、加工をしても変形しづらい特徴がある。

宮島細工における刳りものの技術は、江戸時代後期に藤屋大助という職人が始めたと伝えられている。戸河内では、大正時代初期に、宮島細工職人の福田李吉が戸河内村（現・安芸太田町）に移り住み、刳りものをつくり、その技を伝えたことから始まったといわれている。

現在では、戸河内刳物の技を継ぐつくり手は、みずから各地でその技を見せ、使い手の声に応える、丁寧なものづくりをしている。使い手は、個性のある刳りものを愛用している。

広島仏壇 (広島市)

広島仏壇の特徴は、漆の美しさを引き出す見事な塗りと、漆と輝きを競う破綻のない純金箔押しにある。浄土真宗向けの金仏壇では、その輝きの中に親鸞聖人の生い立ちや仏教伝来を表す細やかな彫刻などを施すこともある。漆塗りには、広島名産の牡蠣の殻を細かく砕いてつくる「胡粉下地」を用いる。上塗りに行う「立て塗」という仕上げの技法は、各地の漆塗り職人の手本になるほど高度なものであるという。製造工程は七つあり、「七匠」と呼ばれる専門の職人たちが分業している。仏壇1本に伝統工芸が集約される。

広島では、13世紀に親鸞の高弟明光が光照寺を布教の拠点とし、後に領主毛利氏の保護もあり、安芸門徒と呼ばれる信徒団が形成された。仏壇もつくられていたと思われる。16世紀には、寺を守るために地元の毛利氏とともに織田信長と戦う勢力ともなった。浄土真宗は、江戸時代中期の享保年間（1716〜36年）の頃に隆盛をきわめた。仏壇の製造も盛んになり、今日の基礎が築かれたといわれている。

漆塗りは、江戸時代初期に浅野長晟が紀州から広島に転封された際に、従って来た紀州の塗師が高度な技術に飛躍させた。後に、京、大坂に学んだ僧が、仏壇仏具の技法を伝えたこともあり製法はさらに進化した。明治時代には瀬戸内海の海運を利用して、京阪神に納入されるようになり、大正時代末期の生産量は全国一といわれた。その後、戦争、原爆投下により打撃を受けたが、徐々に復興した。現在では、つくり手がそれぞれの技を活かした、仏壇以外の製品の創作を行うなど新たな歩みもみられる。

備後絣（福山市）

備後絣は、濃紺の地に伝統的な絣柄の身近な綿布として親しまれてきた。特に、田圃を連想させる井桁の柄は、江戸時代からあるといわれ、もんぺの柄などで馴染み深いものであった。矢絣も矢羽根を紺の濃淡で表現すれば、すっきりとして男女ともに好む人が多い柄であった。フジとキクなどの手の込んだ柄もある。着続けるうちに、肌触りが柔らかくなり、愛着が増してくる一方、飽きのこない柄が冴えてくる。

1622（元和8）年に福山城を築いた藩主水野勝成は、沿岸地域のワタ栽培を奨励し、綿織物が農家の副業となった。1844（弘化元）年、福山藩主阿部正弘が倹約令の中で庶民に絹織物を禁じたため、綿織物が盛んになった。その頃から、神辺の木綿問屋が活躍し、神辺縞、福山縞の名称で、出雲や九州にまで販売されるようになった。1853（嘉永6）年、福山の富田久三郎が、中田屋万兵衛に見せられた「キシ縞」という浅黄絣の絹織物を参考に、竹の皮で一部を括った糸を染めてから機にかけ井桁絣を織ったのが、備後絣の始めとされている。

備後絣は、伊予絣、久留米絣とともに日本三大絣の一つにまでなった。現在では、備後絣や備後木綿は、シャトル織機を用い、手織りの風合いのある布として織られている。天候、特に湿度に左右される伝統的な織機では、大量生産はできないが、自然とともにある布ができるという。

Ⅲ　営みの文化編　　129

熊野筆 （安芸郡熊野町）

現在、熊野筆といえば、化粧筆でその名を知られているが、最大の特徴は毛先を活かすところにある。毛先を切り揃えるブラシと異なり、生まれたままの毛の先を、選りすぐって筆という道具にまとめる。すると、化粧筆ならば、肌の上を滑らかに動かすことができる。面相筆を手にした人形師は、思うとおりに目を入れ、やきものの絵師はダミ筆に薄めた呉須（磁器の染付けに用いる鉱物質（青藍色）の顔料）を含ませて、手加減どおりに濃淡を描き出す。書や絵においても、創作への思いを描くためのかけがえのない道具となることを目指してつくられているのが、熊野筆だ。

熊野筆には、ヤギ、ウマ、シカ、タヌキ、イタチ、ネコなどの毛を用いる。用途に応じて毛を選び、油分を抜くなどして整え、毛を揃えながら逆毛などの少しでも不適格な毛を取り除く。筆の先端や腹などに使う毛を、それぞれ揃えて薄く糊をつけ、コマという芯を立てる筒に入れて穂先の形をつくる。上から衣毛を巻き、糸で結び、鏝で焼き締め、軸をつける。

江戸時代後期の熊野町は、盆地のため農地が狭く、農閑期に奈良や紀州へ出稼ぎにいき、道中では筆や墨の行商をしていた。江戸時代末期には、浅野藩（広島）の筆司などから、筆づくりを学んだ者が技術を広め、広島藩もこれを奨励したため筆の産地となっていった。熊野町には、「筆の里工房」があり、著名人の筆などの資料の展示や、筆に関連するワークショップなどが行われている。

福山琴 （福山市）

福山琴は、琴の胴に用いる桐材の杢目が複雑で、胴の内側に施す彫りが精巧なため、優れた音色が出るところに最大の特徴がある。また、寄木や象嵌、蒔絵などの繊細で華麗な装飾にも特徴がある。

製造工程は、直径400〜600mm程度のキリの丸太を、形状や年輪の細かさなどを吟味して選び、製材するための「墨付け」を行うことから始まる。墨付けに沿って幅を決め、琴の部材をつくる。屋外で数年「野ざらし」にした後、胴をつくり、甲の内部に鑿を入れる。鑿を入れる形状には、簾目や綾杉などがある。甲の表面は、焼き鏝で焼き、磨いて光沢を出す。琴につける脚や、先端を飾る龍舌など部品の加工を行い、組み合わせて仕上げる。

福山藩主水野勝成は、1622（元和8）年に福山城を築いた。以来、福山では歴代藩主の奨励もあり、歌舞音曲が盛んになった。幕末〜明治時代にか

けて、秀れた琴の演奏家が生まれ、琴づくりの技法も優れたものとなり、高級な琴の産地として全国に知られるようになった。ちなみに箏曲家宮城道雄の父は福山・鞆の浦の人であり、道雄の代表作『春の海』の舞台は、景勝地福山・鞆の浦であるともいわれている。

　琴は、磯に棲む龍に例えられる。6尺（180cm）ほどの胴の、演奏者の利き手側の先端が「龍頭」で、奏でられる13本の絃が龍頭から「龍尾」へと貼られている。絃の下には桐の胴の「龍甲」があり、側面は「磯」と呼ばれる。演奏を終え、龍頭を上にして床の間などに立てると、琴は龍が磯から天に向かう姿に例えることができる。武家にふさわしく、商運の上昇を願う商家にも喜ばれる調度品として普及した。

民　話

地域の特徴

　広島県は中国山地を境に南の山陽と北の山陰とに分かれ、かつては東が備後国、西が安芸国に属していた。水域は沼田川を境とし備後には芦田川、安芸には太田川が流れて下流の平野を形成し、山間部には江川水系の浸食で形成された三次盆地がある。温暖で降水量も少ないとされてきたが、山間部の寒気は厳しく積雪も多いうえに、近年は猛暑と豪雨災害も増えている。

　文化的には吉備文化圏と九州文化圏との中間で、大陸からの出雲文化とも融合している。広島藩の地誌『芸藩通志』（1825）に、県内の地理や文化、歴史の詳細な記録がある。また、世界文化遺産の厳島神社、原爆ドーム、そのほか港町の歴史を伝える文化財も残っている。

　県南部の瀬戸内海には多数の島が浮かぶ。尾道市を起点とする「しまなみ海道」、呉市を起点とする「安芸灘とびしま海道」などと称され、いずれも愛媛県今治市との間を結ぶ。近年は「やまなみ街道」が開通し、山陰道を含め近隣県へのアクセスも充実している。

伝承と特徴

　県内の調査の早い成果として礒貝勇『安芸国昔話集』や、同年の及川儀右衛門『芸備今昔話』がある。続いて『昔話の研究 芸備叢書 第一輯』（広島師範学校郷土研究室、1939）、『安芸・備後の民話 第1集』（垣内稔、1959）が刊行された。県下で採集された民話は『広島県民俗資料』（村岡浅夫、1968）に分類される。県北には本格昔話、県南と島嶼部には笑話化や短編化の多い点が、山陽に共通すると報告された。その後も再調査が進められ、『高野郷昔話集』（親和女子大学説話文学研究会、1969）、『下高野昔話集』『口和町昔話集』（大谷女子大学説話文学研究会、1974）、『芸備昔話集』（村岡浅夫、1975）、『備後の昔話』（稲田和子、1977）、『芸北地方昔

話集』（國學院大學説話研究会、1977）、『西瀬戸内の昔話』（柴口成浩、1979）、『広島県上下町昔話集』（広島女子大学国語国文学研究室、1983）など、次々に刊行された。また、中国放送による民話採集とラジオ放送の成果が『採訪記録 ひろしまの民話（昔話編）1〜3』（1981、1982、1984）にまとめられ、朗読放送も近年始まった。

　伝承内容には出雲系神話をめぐるものもあるが、厳島神社の女神市杵島姫命（いちきしまひめのみこと）に関する固有信仰も伝えられる。また、真宗安芸門徒（あきもんと）のほか修験道や密教的呪術信仰、遊行する人々の語りが影響を及ぼして、さまざまな話が生み出された。多い話に「瓜子姫」「取っ付く引っ付く」「鼠浄土」「竹伐り爺」「和尚と小僧」「大歳の客」「餅争い」、愚か村話「越原話（おっぱら）」などがある。近年は歴史遺産をめぐり村上海賊の伝承も注目されている。

おもな民話（昔話）

浦島太郎

　浦島伝承は海をロケーションに語られる印象が強いが、尾道では沿岸部から離れた山陰への入口・三成地区に同話が伝承されている。玉手箱を開けて死んだ場所や、当地に祀られる浦島神社には由来書が存在したことも伝えられている。江戸時代末期の備後地誌『西備名区（せいびめいく）』に記される浦島太郎の話は、昔話よりも伝説に近い。周辺には神仙思想をうかがわせる地名「仙入峠（せんにゅうだお）」「長者が原」「養老」があり、学校教育や地域行事にも取り上げられる。ただ、浦島太郎が山間部に伝承されるのは当地と福山市の松永湾を結ぶ藤井川が原因で物資にとどまらない話の流通があったと推測されている。本話が山間部に定着したことの謎解きとして、川を通じて海が身近であった頃の歴史探訪から出発するのも興味深い（『尾道の民話・伝説』）。

猫と南瓜（かぼちゃ）

　冬至に南瓜（かぼちゃ）を食べる風習があるが、本話は「植えた覚えのない南瓜は食べるな」という俗信のいわれを説く。金持ち夫婦の家に商人が宿を求めた。夫婦の留守中に猫が魚を盗んだことを商人が伝えると、夜中に猫が商人の体を麻幹（おがら）で計っており、それを知った夫婦は翌朝猫を殺した。やがて六部（ろくぶ）が来て、猫を埋めた場所に生える南瓜を切るよう教えた。実りの時期、予言通りに生えた南瓜を切ったところ毒南瓜だった（山県郡豊平町川迫）。ほかにも自然生えの胡瓜を掘ると、猫の死骸の目から蔓が出ていた話（三原市沼田東）もある（『芸備昔話集』）。

Ⅲ　営みの文化編　133

猫が恨みを晴らそうする化物譚は全国的に分布しており現場は船宿が多い。食べて死ぬ話は少ないが、猫を手厚く葬る類話からは六部や薬売りによる伝播が推測される。俗信では「年越しの南瓜は蛇に変わる」と伝えられ、蔓植物の不気味さは、死体を盗むとされる猫の魔力と結びつく。外来植物に対する警戒心が背景にあるとされる。

ほら比べ—三次が商売の町として繁盛したわけ

三次市は県東部の山間地域で、説話集『日本霊異記』の亀報恩譚とも関係し、浅野内匠頭正室の出身地として、また平田篤胤の研究で知られる『稲生物怪録』の舞台でもあり、妖怪をテーマに地域振興も進められている。その三次の繁栄が昔話「ほら比べ」（大もの比べ）で語られている。本話は知恵比べの内容が大話となる巧智譚で、ほらや結末も数種類あるが、三次には次のような話がある。

県境の赤名峠で、三次と出雲と甲府の呉服屋が荷を賭けてほら吹き勝負をした。甲府の呉服屋は富士山に七巻半の藤の花が咲くのを自慢した。出雲の呉服屋は三瓶山を跨いで日本海の水を飲む出雲牛を自慢した。最後に三次の呉服屋は町全体を覆う松で作る太鼓の皮は出雲牛で作り、牛を追う綱は富士山の藤で作り、太鼓の棒は三次の照林坊（棒）で叩くとし、スケールの大きさで三次の呉服屋が荷を持ち帰り町を繁盛させた（『採訪記録 ひろしまの民話 第1集』）。

県境にふさわしい話で、その筋は国際的昔話の話型カタログであるアールネ・トンプソン『The types of the folktale』の「The Great Animal or Great Object」（大きい動物または物）とも共通する。

竹伐り爺

中国地方では竹伐りの爺が、屁の音芸で幸福になるという致富譚が、バラエティ豊かに語られてきた。木樵の爺が殿様に「日本一の屁ひり爺」と名乗り妙音で褒美をもらい、それを真似た隣の爺が失敗する。神石郡では妙音が「びこびこびぜんびっちゅう（備後備後備前備中）ぴんぴろぴんのぴん」と語られるほか、県下では「錦だらだら黄金だらだらあわの調子ですっぱいぽん」「丹後但馬のタンタラタン、備後備中ビーチビチ」のように、屁の擬声部分が笑いの要素を増しながら伝承されてきた。

尾籠な内容でありながら、結末を蕎麦の茎が赤い由来にまとめたり（佐伯郡大柿町）、殿様を山の神として語る（福山市鞆町）ような民間信仰へ

の広がりも報告されており、背景には「めでたし」と語り伝えられた中世以降の招福文芸の介在も推測される（『芸備昔話集』）。西日本では山仕事の「竹伐り爺」の要素が『竹取物語』とも通じるが、東日本では「鳥呑み爺」が多く語られ、御伽草子『福富長者物語』との類似も注目される。

大歳の客 歳神を迎える昔話「大歳の客」が、広島経済を支えた商家と結びつく話がある。

大晦日に老人が尾道の一軒家を訪ね、門の「はんや（灰屋）」でも良いからと宿を乞うと、主人は寒くないように筵を吊って寝かせた。翌朝、雑煮を食べさせようと茶碗に餅を三つ入れて持っていくと老人は死んでいた。主人は餅つきの音でやかましくても家で寝かせてやれば良かったと言って供養し、埋葬の鍬を打ち込むと金塊が出てきて、以後家は栄え屋号を「はんや」と称した。これが今の橋本家と伝える（『芸備昔話集』）。同家は第六十六国立銀行（後の広島銀行）の初代頭取でもあり、広島経済界を支えた旧家である。本話につながる江戸中期以降の分家「加登灰屋」の隆盛は、文人墨客との交流や慈善事業でも知られる。

「大歳の客」は1年で最も重要な時期に語られる話で、乞食や老人を拒絶する隣の爺型も多いが、本話は旧家にゆかりのある話にまとめられている。橋本家が歴史資料だけでなく口承文芸の世界にも登場し、隣接する旧御調郡久井町（現・三原市）で採集された点でも稀少な伝承である。

おもな民話（伝説）

清盛の日招き 日本三景の一つ宮島の厳島神社は平家の歴史と深くかかわり、清盛の信仰は呉市と向かい合う倉橋島にも伝えられている。この辺りの海流は後世の「音戸の舟歌」に「船頭可愛いや音戸の瀬戸で 一丈五尺の櫓がしわる」と歌われたほどの激しさで、舟を遠回りせざるを得なかった。清盛が一門の権勢を見せつけるように、沈む太陽を金扇で招き返し、1日で切り開いた海峡が「音戸の瀬戸」と伝えられる。

類話には、想いを寄せた市杵島姫命のために堀割工事を完成させると、姫が火焔を吐く蛇体に化身した話や、「清盛のにらみ潮」で流れを変えて逃げた話もある。当地の五つの岬は竜の爪にもたとえられ、工事にかかわった武士の警固所も、「けごや」の地名で伝えられた（『日本伝説大系10 山陽』）。

清盛の心を捉えた祭神が鎮座場所を探したことは「安芸の宮島廻れば七里、浦は七浦七恵比寿」と伝えられ、現在も当社では「御島廻り式」や「御鳥喰神事」の祭祀により神への信仰が継承されている。

松虫鈴虫

生口島には遠く離れた都の歴史とかかわる伝説がある。

後鳥羽上皇の侍女・松虫鈴虫姉妹は、清水寺で聞いた法然上人の説法が忘れられず、出家を志すも上人は許さなかった。その後二人は鹿ヶ谷の安楽上人と住連上人のもとで出家し、松虫は妙智、鈴虫は妙貞の法名を得た。これを知った上皇は悲しみ、二人の出家を知らせなかった法然は讃岐に流され、安楽と住連は死罪となった。和歌山県粉河の隠れ家でそれを聞いた姉妹は、加太の浦から船で生口島の光明坊へ移り、念仏三昧の日々を過ごし、松虫は36歳、鈴虫は45歳で往生したとされる。同話は京都の住連山安楽寺にも伝えられている（『瀬戸内海の十字路せとだ』）。

生口島は後白河法皇の荘園で、式子内親王が法然を慕い讃岐に渡る途中に光明坊に入寺する。流罪地から駆けつけた法然が内親王を出家させ、如念尼公の法名を与えたとも伝えられる。また、法然が差した白檀の杖が大樹となる霊験譚も伝えられ、境内には法然・如念尼公・松虫・鈴虫の供養塔もある。防風避難の寄港地であったこの島では、歴史上の人物とのつながりが実感をもって語り継がれている。

御袖天満宮の由来

瀬戸内海には学問の神、菅原道真が大宰府配流時に寄港した伝説が点在する。尾道市の入江近くの岩に腰掛けた道真を、金屋家が麦と甘酒でもてなし、褒美に衣の袖が与えられた。後に家は栄え、御袖天満宮を建てたと伝えられている。腰掛け岩や献上の麦畑は現在も天満宮下の一角にあり、長江通りの片隅には「磯の弁天」が祀られ、かつての入江の様子をうかがわせる。対岸の向島「歌の置帆」の地には冠を脱いだ冠岩の話や「冠」の字を含む家名が知られている（『尾道の民話・伝説』）。

御袖天満宮の石段は、大林宣彦監督の尾道三部作の映画『転校生』のロケ地でも知られる。また、延宝・天保年間頃からの習慣とされる暑気払いの菓子「ふなやき」は、道真寄港時に献上されたという説もあり、市内の菓子店では旧暦6月1日を前後する期間に限定販売されている。行事・食・伝説の三要素が重なる地域文化の一例である。

おもな民話（世間話）

おさん狐

　広島県内には「おさん狐」の話が多く、特に江波のいたずら狐が知られる。

　宮島の勤めを終えた能役者が帰宅途中、余りの寒さに能面を被ると藪から美しい娘が現れた。有名なおさん狐と気づいた役者は、逆にからかってやろうと振り向きざまに鬼の面を被ると、狐は鬼に化けた。役者が翁の面を被ると、狐は白髪の老人に化けるなどの化け比べが続き、ついに狐は降参して化け方の教えを乞う。役者は能面を入れる黄色い袋を渡し、これを被り一回まわると思い通りだと教えると、狐は礼を言い去った。その後、船の中で黄色い頭巾を被り寝ている狐が取り押さえられたが、伏見稲荷へ修行に行く途中であったらしいと噂された（『日本伝説大系10　山陽』）。

　類話の多い江波のおさん狐は、通り名や地域振興にも結びつき、人々に愛されてきた伝説的妖怪である。広島電鉄江波車庫前の銅像「おさん狐」は前足を差し出し、今にも飛びかかりそうな姿で立ち続けている。寄せられた多くの体験談や伝承の未来は、今やこの狐像に託されている。

ヒバゴン

　ヒバゴンは1970年代に比婆郡西城町（現・庄原市）を中心に目撃された獣人話で、アメリカの未確認生物（UMA）「ビッグフット」の日本版ともいわれた。相次いだ目撃譚によると、二足歩行の類人猿で、雪原の足跡だけでなく、夏にもダム付近で頻繁に目撃されて大きさもさまざまである（庄原市HP、庄原市観光協会HP）。1971年には西城町役場に類人猿係も創設されたが、1975年に廃止され、「ヒバゴン騒動終息宣言」が出された。『黄色い泉』（小松左京、1984）には在地神との結びつきが描かれ、『いとしのヒナゴン』（重松清、2004）は渡邊孝好監督によって映画化（『ヒナゴン』2005）された。

　目撃情報に支えられる世間話は、口承文芸や映像文化の世界にとどまらず、観光を含む地域活性化の一翼を担う。一過性の話題であったとしても、日本では稀有な獣人話である。

山本五郎左衛門

地域の特徴

　広島県は、中国地方の中央で、南が瀬戸内海に面し、北を中国山地に区切られた東西に長い県である。県内は旧国でいえば、東半が備後国、西半が安芸国である。多くの河川は瀬戸内海に注いでいるが、県北部の江の川は支流が三次市で合流した後、中国山地を横切って日本海に注いでおり、大きな特徴となっている。

　県北部に「ユキグツ」「カンジキ」など雪国に属する民俗資料があり、自然降雪のスキー場もある。一方、南の島嶼部では雪が降らない地域の果物であるレモンの生産量が日本一である。工業都市が多いが、農業・水産業も盛んで「日本の縮図」ともいえる多様性をもっている県である。

　北広島町の「壬生の花田植」がユネスコ無形文化遺産に登録される一方、県北部を中心に広島県は神楽が盛んな地域である。備後北部は国重要無形民俗文化財の「比婆荒神神楽」があり、安芸北部では「芸北神楽」が「石見神楽」に匹敵するほどの神楽団を有し、神楽競演大会などが盛んに催されている。また、備後は祇園信仰が盛んな地域である。「備後国風土記」逸文には蘇民将来の話があり、茅の輪も出てくる。

　なお、現在の広島県には、ユネスコ世界文化遺産として「厳島神社」（廿日市市）、「原爆ドーム」（広島市）があり、日本遺産の「尾道市」や鞆などには港町として栄えた時代の文化財が多く残る。

伝承の特徴

　安芸南部は長い間、真宗の強い影響下にあったことが知られており、特に、「安芸門徒」とよばれ、他の宗派や神祇に交わらず、仏教説話以外の伝承があまり多くないといわれてきた。しかし、瀬戸内海に面し、文化の回廊といわれるように、宗教色は少ないが、民俗芸能・伝承などには特色あるものが残っている。民話・伝承の点では、近隣の中国地方の県の状況

と共通性がみられる。

　広島県は山間部が多く、県北部の江の川は中国地方最大の河川であり、島根県側も含め、エンコウなどの伝承が多い。一方、瀬戸内側の河川でもデルタ地域などでエンコウの伝承が多い。また、動物伝承が山間部、島嶼部とも多い。特に、狐の伝承が多く、代表格の「おさん狐」の伝承は西区江波をはじめ、広島市各地で見られ、広島市の特徴的な妖怪話である。また、「消えずの火」などの宮島の七不思議といわれるなかには妖怪伝承もある。

　一般的に「稲生物怪録」とよばれる妖怪物語が備後北部の三次を舞台としてある。虚実を織り交ぜた物語構成は魅力的で、現代まで伝承が広がりをみせている。他の妖怪伝承とは異なるが、もののけ・妖怪話である。その話のなかには妖怪の頭、魔王の「山本五郎左衛門」と好敵手「神野悪五郎」やそのほかの妖怪「もののけ」が登場し、数々の怪異が起こる物語である。

主な妖怪たち

小豆とぎ

　小豆洗いと同様の音の妖怪である。備後の農山村、夜の川沿いで「イッショウ」「ニショウ」「ゴショウ」「ゴショウ」と音がするので、人間と思って声をかけると、カワウソだったそうである（『民間傳承』2-10・季刊『自然と文化』1982年秋季号）。

エンコウ（猿猴）

　エンコウは河童の類と考えられ、広島ではエンコウとしての伝承が多い。安芸高田市吉田町の可愛川の釜ヶ淵や安芸高田市甲田町の戸島川、広島市安佐北区白木町の魚切滝のエンコウのように頭の皿に水があると力を発揮するとか、安芸太田町羽生や東広島市大和町の白川淵、福山市加茂町山野の馬鍬渕のエンコウのように金物が苦手な一面を示す一方、神石高原町油木のエンコウなどは人間のつべ（はらわた）を抜く競争をした話も残っている。エンコウの地名自体は川の深いフチなど危険な場所を示すものとして付けられたものも多い。

　広島市南区を流れる猿猴川や猿猴橋、猿猴橋町の猿猴の地名は「広島城下町絵図」1619（元和5）年に「ゑんこう橋町」とあるので、古くからエンコウに由来して付けられたと考えられる。2016（平成28）年に猿猴橋を戦前の橋の形に戻した。橋の欄干に描いてあるエンコウは毛が生えた猿のような姿である。付近ではエンコウにちなんで「猿猴川河童まつり」が

Ⅲ　営みの文化編　　139

毎年開催されている（『芸備今昔話』『広島県の民話と伝説』他）。

オイガカリ
庄原市に伝わるもので、歩いている人の背後から覆いかかってくる妖怪である（『妖怪名彙』）。

おさん狐
狐に関する妖怪の伝承は多いが、その広島の代表格がこの「おさん狐」である。広島市では、「江波のおさん狐」「江波のお三狐」として親しまれており、話がいくつか知られている。よく人を騙す狐として悪者扱いにされたり、四国の悪い狸と化けくらべをしたり、役者と対決したりとさまざまである。一方、80歳のおさん狐は、風格があり、京に行ったことがあるなどと伝えられ、地元の人に愛されてきた。現在では、おさん狐の像が広島電鉄江波車庫前の中央分離帯に、手を前に差し出した立ち上った姿で建っている。そのほかにも、山伏に化けの皮を取られた「おこん狐」の話や変化の玉と帽子を取り換えてしまった「おたね狐」の話がある（『芸備今昔話』『安芸国昔話集』『昔話の研究』『安芸・備後の民話1・2』他）。

カワウソ
広島市安佐南区の沼田地区の伴や阿戸では、カワウソが坊主に化けて夜通りかかった人の前に現れ、上を見上げると、背が伸びてさらに見上げるような大坊主になったそうである。「見上げ入道」と同様な話となっている（『安芸の伝説』）。

山本五郎左衛門
江戸時代中期の備後国三次（現・三次市三次町）を舞台とした妖怪物語「稲生物怪録」に登場する妖怪。物語の大略は柏正甫が著した初期作品の本（柏本系）では1749（寛延2）年の5月、稲生平太郎という16歳の若者が、隣人の元相撲取りの三井権八と百物語を行って比熊山に向かったが、そのときは何も起こらなかった。ところが、7月に入ると、平太郎の屋敷に、まず、髭手の大男が現れて以来、30日間にわたり、いろいろな妖怪が現れ、さまざまな怪異が起こった。親類や友人はみな逃げ出したが、平太郎だけが妖怪の正体を見極めようと屋敷にとどまった。最後に、武士の姿をした妖怪の頭である魔王の山本五郎左衛門が現れ、平太郎の勇気を讃え、降参して立ち去る。山本五郎左衛門は柏本系では読みを「サンモトゴロウザエモン」としている。『三次実録物語』では「山本太郎左衛門」となっている。

山本五郎左衛門のほか、物語に出てくる妖怪は初期作品の柏本系の本では髭手の大男（一つ目の大男）や小坊主のほか、顔がある輪（輪違い）、

曲尺の形の手（曲尺手）、飛び回る老婆の首、女の逆さ首、摺り子木の形の手（摺子木手）、編み目に顔がある網（網顔）、踏み石上の死体の化け物（踏石）、物置戸口の大きさの老婆の首（大首）などが現れる。絵巻・絵本などでは、最初が髭手の一つ目の大男と一つ目の小坊主で、蟹状の石、蛙状の長櫃、赤子、串刺しの頭、虚無僧、塗り壁なども登場する。

　平太郎と五郎左衛門とが対面した最後の場面で、諸本のなかには「槌」を五郎左衛門が平太郎に授けるものもある。その「槌」が、広島市東区の國前寺に納められており、毎年1月7日に「稲生祭」のなかで御開帳されている。また、広島市南区の稲生神社の御祭神の一柱が稲生武太夫である。なお、明治以降の講談本では後日談として松山の「八百八狸」を退治したのも武太夫となっている。

　根岸鎮衛の著した随筆集『耳嚢（みみぶくろ）』に「芸州引馬山妖怪の事の事」という話があり、『稲生物怪録』と同様、稲生武太夫が引馬山に一晩いた後、妖怪が次々に現れ、16日後に比熊山にいた三本五郎左衛門という妖怪が現れて退散する。また、同じ『耳嚢』には「怪棒の事」という話もあり、1808（文化5）年、主人公五太夫が石川悪四郎を訪ねて真定山に行った後、次々に妖怪が現れたが、五太夫が動じなかったので、悪四郎が退散している（『妖怪 いま甦る』『稲生物怪録と妖怪の世界—みよしの妖怪絵巻』『稲生物怪録絵巻集成』『改訂版 妖怪 いま甦る』『耳嚢』他）。

白坊主　　呉市倉橋町では、カワウソが脚に接ぎ木して高さ2mの白坊主に化けて人を脅かしていたといわれている。出会ったときには地上1mあたりを殴ると良いそうである（『河童の世界』）。

シイ　　山県郡ではシイまたはヤマアラシとよばれる妖怪。前に進ませるとき、シイが毛を逆立てると、牛が怖がることから、「シイ、シイ」と言って、後ろにシイ（ヤマアラシ）がいるぞと思わせると伝えられている（「牛聞書安芸郡山県郡」『民間伝承』第16巻第2号）。

神野悪五郎　　先述の『稲生物怪録』のなかで、最後に登場する山本五郎左衛門の好敵手として稲生平太郎に語るのが、神野悪五郎である。五郎左衛門同様の妖怪大将であるが、平太郎に悪五郎が現れた時は共に戦おうと言う。平太郎が五郎左衛門を呼ぶ時に、一部の諸本では「槌」で柱を叩くようにと話す。神野悪五郎は宮地水位が著した『異境備忘録』でも紹介されている。神野悪五郎日影とよばれ、魔界の13の悪魔

Ⅲ　営みの文化編　　141

の頭領の一人で第六の魔王とされている（『妖怪　いま甦る』『稲生物怪録と妖怪の世界』『稲生物怪録絵巻集成』『耳嚢』他）。

タクロウ火

多久良不火。三原市の沖合の佐木島あたりに伝わる火の妖怪である。1825（文政8）年に完成する『芸藩通志』記載されている。夜明け頃、波間に火の玉となって出現する。雨の夜には2つの火が並んで現れることがある（『芸藩通志』『妖怪名彙』）。

天狗

県内各地に天狗の伝承があるが、天狗松、天狗岩とよばれるところでは、天狗の領域を侵さないように、天狗が人を驚かしたり、死に至らしめたりと恐ろしい一面もみせる（『芸備今昔話』『芸備の伝承』）。

土びんころがし

東広島市の下見と原の境のあたりに竹や雑木の茂った藪があって、夜遅くそこを通ると「ガチャ、ガチャ」と音がする。夕方になって、その場所を通るのを子どもだけでなく大人もいやがったそうである（『広島県の民話と伝説』『芸備の伝承』）。

ノブスマ（野衾）

ノブスマは千年を経たコウモリの妖怪とされ、人を包んで血を吸うものと考えられた。二人の武士が、己斐（広島市西区）の茶臼山に登ったが、飽き足らず、大茶臼山の頂上まで登った。渋紙の敷物と思って休んでいると、がわがわ、ぐるぐると音をたて、二人を柏餅のように包みくるもうとした。二人が刀を抜いて切り破ったから、あわてて、二人を振り落として、北の空に飛び去ったという。通行人をさえぎるだけでなく、命まで奪おうとする怪である。江戸時代の『近世妖怪談』に所載されていたと伝う（『芸備今昔話』『芸備の伝承』）。

化け猫

いくつかの類話が伝わる。「廿日市市大野町の奥の中山」や「三次市三和町板木の成広谷」「猫山（庄原市東城町小奴可と西城町の間）」などの化け猫の話が残る。化け猫が家のお婆さんなどに化け、その家に入り込むが、猟師などに打ち取られる同様の話である（『芸備今昔話』『芸備の伝承』他）。

バタバタ

広島市中区鷹野橋周辺には宝暦年間にバタバタが出没したと伝えられており、タカノ橋商店街アーケードの入口付近にバタバタ石の石碑が建つ。菅茶山の随筆『筆のすさび』によれば、夜中に屋根の上や庭で、畳を杖で叩くようにバタバタと聞こえたことから名付けられた。正体を見極めようとした人がいて、音の方向を追いかけたら、常に7、8間先から音がして、見極めることができなかった。この怪異はバ

タバタ石から起こっているといわれた（『北窓瑣談』『譚海』『筆のすさび』『芸備の伝承』他）。

ヒバゴン

1970（昭和45）年7月20日に謎の類人猿が初めて見つかり、発見場所が旧比婆郡（現・庄原市西城町）だったので、「ヒバゴン」と命名された。いくつかの目撃情報や写真情報があり、当時の西城町役場に「類人猿係」が創設され、盛り上がりを見せた。その後目撃されなくなったことから1975（昭和50）年には終息宣言が出された。ヒバゴンを題材に映画も作られるなど地域に及ぼした影響は大きい。

フチザル（渕猿）

渕に住んでいた猿に似た妖怪で、エンコウに近いものと思われる。1742（寛保2）年三坂春編選『老媼茶話』の「釜渕川猿」の項に渕猿として紹介されている。1534（天文3）年8月、芸州高田郡吉田（安芸高田市）の釜ヶ渕に渕猿が出没して通行人を淵に引きずり込み城下の商家も閉じてしまう始末であった。そこで、毛利家に仕える荒源三郎元重が川の中から水面まで連れ出して、頭を強く振って頭の水を振り落として弱ったところを退治した。同様な話は『芸藩通志』にも残っており、荒源三郎が「猥国」という妖怪を退治したことになっている（『老媼茶話』『芸藩通志』『芸備今昔話』『芸備の伝承』）。

弥山の拍子木

廿日市市の宮島の弥山では、大きな拍子木を打つような音がする時がある。天狗倒しと同じ、音の妖怪と思われる。弥山は天狗信仰の一大中心地であり、拍子木が聞こえたら、謹慎したほうが良いといわれている（『芸備今昔話』『芸備の伝承』）。

雷獣

江戸時代に各地で見られる雷獣は哺乳類のようであるが、広島市佐伯区五日市に落ちたといわれるものはクモかカニを思わせるもので、手と足は鱗状のもので覆われ、先端は大きなはさみ状になっている。『奇怪集』に、芸州九日市里塩竈に1801（享和元）年5月10日に落下したという雷獣のことが記載されている。また、大変珍しかったのか同様な画が多く残るが「五日市」とされたものも多い。菅茶山関係資料にも同様な資料がある。

龍燈

広島県廿日市市の厳島神社では、正月1日から6日頃まで、静かな夜に神社前の海面に現れるというもので、最初に1個現れた火が次第に数を増してたくさんの火が現れ、それらが集まってまた1個に戻り、明け方に消えて行くそうである（『芸備今昔話』『芸備の伝承』）。

Ⅲ　営みの文化編　143

高校野球

広島県高校野球史

広島県で最も早く野球が行われたのは広島中学（現在の国泰寺高校）で，1899年頃に始まったといわれる．同じ頃広島師範でも野球が行われ，この2校が草分け的存在である．続いて，広島商業で野球部が創部され，1911年には広陵中学で創部，大正に入ると広島中学と広島商業，広陵中学の3校が強豪となり，15年の第1回大会では広島中学が全国大会に進んだ．

24年夏には広島商業が全国制覇．26年選抜では広陵中学が優勝し，この2校は山陽地区だけでなく全国を代表する強豪校となった．24年から35年までの12年間に，この2校だけで春夏合わせて優勝5回，準優勝4回という驚異的な成績を残した．この間，32年夏には大正中学（後に呉港中学と改称）が初出場し，34年夏には全国制覇を達成するなど，2強の間に割って入った．

49年の学制改革で名門広島商業は廃止され，観音高校と基町高校に分割して編入されることになった．

54年広島商業が再興されると，57年夏には全国制覇を達成．続いて58年選抜に広陵高校が23年振りに甲子園に復活．64年選抜では尾道商業が初出場で準優勝し，これを契機に広島商業，広陵高校も含めた3校が甲子園で大活躍を見せた．67年夏は広陵高校が準優勝，翌68年選抜では尾道商業が2度目の準優勝．73年には広島商業が春夏連続出場すると，選抜では準決勝で江川卓投手を擁する作新学院高校を降して準優勝．夏は決勝で静岡高校を9回裏のサヨナラスクイズで下して優勝．

さらに76年春には崇徳高校が圧勝で制して初出場初優勝を飾った．82年夏は広島商業が準優勝．1990年代になると，県内は戦国時代に突入，広島工業，高陽東高校，如水館高校などが活躍した．

21世紀に入ると広陵高校が復活し，2007年夏，2017年夏と準優勝．2010年以降は台頭してきた広島新庄高校とともに2強状態となっている．

主な高校

市立呉高 （呉市，市立）
春2回・夏0回出場
通算1勝2敗

1959年女子校の広島県呉豊栄高等学校として創立. 98年共学化し，呉市立呉高校と改称した.

2007年創部. 17年選抜で初出場，初戦の至学館高戦は9回に追いついて，延長12回の末に降して初勝利をあげた. 続いて19年選抜でも初戦で9回に追いついて延長に持ち込んだが惜敗した.

盈進高 （福山市，私立）
春0回・夏2回出場
通算1勝2敗

1904年盈進商業実務学校として創立し，22年盈進商業学校と改称. 48年の学制改革で盈進商業高校となる. 60年盈進高校と改称.

28年夏に山陽大会に初参加. 戦後，60年夏に甲子園初出場. 74年夏には名古屋電工を降して初戦を突破している.

尾道商 （尾道市，県立）
春6回・夏1回出場
通算13勝7敗，準優勝2回

1887年私立尾道商法講習所として創立し，88年公立尾道商業学校となる. 95年尾道簡易商業学校と改称し，96年に県立に移管して広島県商業学校となる. 1901年県立尾道商業学校と改称. 48年の学制改革で尾道商業高校となる. 49年尾道西高校となった後，53年尾道商業高校に復帰.

1898年創部. 1956年に元プロ野球選手の池田善蔵が監督に就任して強くなり，58年夏甲子園に初出場. 64年春には準優勝すると，68年春にも準優勝した. その後，82年春，86年春にはベスト8まで進んだが，以後は出場していない.

近大福山高 （福山市，私立）
春1回・夏1回出場
通算0勝2敗

1960年創立の福山電波工業専門学校を前身に，翌61年に福山電波工業高校として創立. 72年近畿大学附属福山高校となる.

63年創部. 84年選抜に初出場. 89年夏にも出場した.

Ⅲ　営みの文化編　145

高陽東高 （広島市，県立）
春1回・夏2回出場
通算7勝3敗

1983年県立高陽東高校として創立し，8月に創部．96年選抜に初出場するといきなりベスト4まで進出，夏にもベスト8まで進んで注目を集めた．2005年夏にも出場している．

広陵高 （広島市，私立）
春24回・夏23回出場
通算72勝44敗1分，優勝3回，準優勝7回

1896年私塾・数理学校として創立．1901年広陵中学校と改称．48年の学制改革で広陵高校となる．

11年創部．夏の予選には，16年の第2回大会から参加し，23年夏に全国大会初出場．26年選抜で優勝すると，以後は広島商とともに全国的な強豪校として知られた．戦前だけで決勝に5回進出している．戦後も，58年選抜で甲子園に復帰，以後は常連校として出場を重ね，67年夏に準優勝．91年選抜で戦後初優勝し，2003年選抜でも優勝した．17年夏は準優勝．近年はプロ選手を次々と輩出することでも知られる．

呉港高 （呉市，私立）
春5回・夏6回出場
通算14勝10敗，優勝1回

1818年周防国に設立された稽古屋敷が母体．72年欽明路校，84年中野口村立中野口小学校を経て，1913年中等学校の大正学校が設立された．17年広島県呉市に移転して大正中等学校，23年に大正中学校となる．33年呉港中学校と改称．48年の学制改革で呉港高校となる．

28年に創部し，夏の山陽大会に初参加．32年夏に甲子園初出場．以後，戦前に春夏合わせて11回出場し，34年夏には全国制覇した．戦後は63年選抜に出場してベスト8に進んでいる．

西条農 （東広島市，県立）
春1回・夏2回出場
通算1勝3敗

1908年県立西条農学校として創立し，10年に開校．48年の学制改革で県立西条農業高校となるが，49年いったん廃校として，新たに総合高校の西条高校を設置した．53年西条農業高校に改称．

72年に軟式から転換して創部．88年選抜で初出場．91年夏には東北高校を降して初勝利をあげた．93年夏にも出場している．

山陽高 （広島市，私立）
春0回・夏2回出場
通算3勝2敗

1907年山陽中学校として創立．47年の学制改革で山陽高校となる．

59年創部．90年夏甲子園に初出場すると，いきなりベスト4まで進んで注目を集めた．94年夏にも出場している．

如水館高 （三原市，私立）
春1回・夏7回出場
通算6勝8敗1分

1940年三原工業学校として創立．48年の学制改革で三原工業高校となる．66年女子商業科が緑ヶ丘女子商業高校として独立．94年三原工業高校と緑ヶ丘女子商業高校を再び統合して，如水館高校として創立した．

94年に創部し，広島商業で全国制覇した迫田穆成監督を招聘して強くなった．97年夏甲子園に初出場すると，以後は常連校として活躍．2011年夏にはベスト8に進んでいる．

瀬戸内高 （広島市，私立）
春3回・夏2回出場
通算3勝5敗

1901年小学校教員養成のために創立された私立松本学校が前身．14年松本商業実務学校として創立し，23年松本商業学校と改称．48年の学制改革で広島県松本商業高校となる．72年に瀬戸内高校と改称．

1918年創部．77年選抜で初出場．91年春に2度目の出場で初勝利をあげ，2000年夏には3回戦まで進んでいる．

崇徳高 （広島市，私立）
春3回・夏2回出場
通算8勝4敗，優勝1回

1875年浄土真宗の仏学場・迫徳教校として創立．1900年仏教中学校，01年広島仏教中学校，02年第四仏教中学校を経て，12年いったん武庫中学校に統合された．13年崇徳中学校として改めて創立．48年の学制改革で崇徳高校となった．

明治時代から活動があったが，いったん途絶え，48年に改めて創部．61年夏に甲子園初出場．76年春に2度目の出場を果たすと優勝，このチームは1位2人を含めて4人がドラフト会議で指名された．93年選抜にも出場している．

Ⅲ　営みの文化編　　147

広島工 （広島市，県立）
春5回・夏5回出場
通算12勝10敗

1897年広島県職工学校として創立し，1901年県立職工学校，16年広島県立工業学校と改称．48年の学制改革で広島工業高校となり，翌49年広島皆実高校に統合されて同校の工業部となった．53年に県立広島工業高校として復活．

37年創部．75年選抜に初出場すると，95年までに春夏合わせて9回出場した．86年春，89年春，92年夏とベスト8に3回進出している．近年は2012年夏に出場した．

広島商 （広島市，県立）
春21回・夏23回出場
通算62勝36敗，優勝7回，準優勝2回

1899年市立広島商業学校として創立し，1901年県立に移管．48年の学制改革で広島商業高校となったが，翌49年広島観音・基町両校に編入されて消滅．54年に広島商業高校として復活した．

1899年の創立と同時に創部．1915年夏の第1回大会予選に参加し，翌16年夏に全国大会初出場．24年夏には全国制覇し，29年夏からは2連覇，31年選抜でも優勝した．戦後はしばらく低迷した後，57年夏に優勝，73年には春に準優勝，夏に優勝している．その後も，82年夏に準優勝，88年夏には7回目の優勝を達成したが，21世紀以降は出場回数が少ない．近年では2019年夏に出場している．

広島新庄高 （北広島町，私立）
春3回・夏2回出場
通算5勝4敗1分

1909年新庄女学校が創立され，20年新庄実科高等女学校，22年新庄高等女学校となる．24年には広島新庄中学校が創立される．47年両校が統合されて共学の新庄中学校となり，翌48年の学制改革で広島県新庄高校と改称．2007年広島新庄高校に改称．

1928年創部．2007年広島商業の迫田守昭監督が就任して強くなり，14年選抜で初出場．翌15年からは2年連続して夏の大会に出場して，16年には3回戦まで進んだ．

㉝広島県大会結果（平成以降）

	優勝校	スコア	準優勝校	ベスト4		甲子園成績
1989年	近大福山高	15－4	大柿高	広島工	五日市高	初戦敗退
1990年	山陽高	3－1	崇徳高	広島工	福山工	ベスト4
1991年	西条農	5－3	広島工	瀬戸内高	広陵高	2回戦
1992年	広島工	3－2	広島商	尾道高	山陽高	ベスト8
1993年	西条農	10－5	崇徳高	宮島工	広島工	初戦敗退
1994年	山陽高	11－7	広島商	神辺旭高	瀬戸内高	初戦敗退
1995年	宮島工	13－9	崇徳高	広島工	盈進高	初戦敗退
1996年	高陽東高	8－4	如水館高	神辺旭高	崇徳高	ベスト8
1997年	如水館高	7－1	崇徳高	神辺旭高	呉港高	初戦敗退
1998年	如水館高	4－3	広島商	山陽高	高陽東高	2回戦
1999年	如水館高	8－2	高陽東高	海田高	広島国際学院高	初戦敗退
2000年	瀬戸内高	6－1	広島商	如水館高	広高	3回戦
2001年	如水館高	9－3	広島工	広島商	広陵高	2回戦
2002年	広陵高	9－5	広島商	如水館高	祇園北高	ベスト8
2003年	広陵高	8－0	高陽東高	広島国際学院高	広島商	2回戦
2004年	広島商	13－9	如水館高	国泰寺高	近大福山高	初戦敗退
2005年	高陽東高	5－0	三次高	広陵高	広島工	3回戦
2006年	如水館高	2－0	崇徳高	広島商	広陵高	初戦敗退
2007年	広陵高	4－3	総合技術高	如水館高	瀬戸内高	準優勝
2008年	広陵高	12－10	総合技術高	尾道高	広島工	2回戦
2009年	如水館高	2－1	広陵高	山陽高	広島商	初戦敗退
2010年	広陵高	2－0	如水館高	広島観音高	尾道商	初戦敗退
2011年	如水館高	5－2	広島新庄高	山陽高	崇徳高	ベスト8
2012年	広島工	8－3	盈進高	尾道高	広島新庄高	初戦敗退
2013年	瀬戸内高	1－0	広島新庄高	広島工	如水館高	初戦敗退
2014年	広陵高	2－1	広島新庄高	市呉高	広島商	初戦敗退
2015年	広島新庄高	3－1	市立呉高	広島工大高	広陵高	2回戦
2016年	広島新庄高	5－4	如水館高	崇徳高	広陵高	3回戦
2017年	広陵高	9－5	広島新庄高	広島商	大竹高	準優勝
2018年	広陵高	5－4	広島新庄高	広島商	広島工大高	初戦敗退
2019年	広島商	10－7	尾道高	広陵高	尾道高	初戦敗退
2020年	広島商	9－1	広陵高	武田高	高陽東高	（中止）

注）2013年の決勝は延長15回0－0で引き分け再試合

Ⅲ　営みの文化編　149

宮島焼（湯呑）

地域の歴史的な背景

近世における山陽道の窯場では、旧来の生活県内からの需要を満たす雑器類に加えて、旅人のみやげものになる小物類を焼いたところが少なくない。その代表が備前焼であるが、他にも例えば、不老長寿の薬種として一世を風靡した鞆（福山市）の保命酒を入れた容器には、備前焼の瓢箪型の徳利と共に、岩谷焼（福山市）の陶器徳利や姫谷焼（福山市）の磁器徳利も使われた。

また、漁民の信仰を集めた安芸の厳島（宮島）では、参拝客を目当てに宮島焼ができた。ただ、聖地の宮島では大規模な窯は築けず、対岸で焼くことになったのである。

こうしてみると、山陽筋における窯場の興亡は、もちろん時代によっても地域によっても違いはあるが、総じて言うならば、街道に近い町や村での中小の規模で安定した経営であった、といえるであろう。

主なやきもの

宮島焼

漁民の信仰を集めた安芸の厳島（宮島）で、江戸後期から参拝客へのみやげとして発達した陶器の総称である。文政年間（1818～30年）に坪屋喜兵衛が厳島神社神殿下の砂を混ぜて焼いた「宮島御砂焼」が起源とされる。古くから厳島神社では祭祀用の陶器を焼いており、やきものが名産となる素地はあったわけである。

天保年間（1830～44年）になると、厳島大聖院敬澄隠元が京都から陶工を招いて窯を築き、「宮島」「宮島焼」の刻印をした陶器をつくったが、

すぐに廃窯となった。

その後、明治17（1884）年頃に旧社家の所倍文が大阪から陶工を招き、みずからも製陶に従事したが数年で廃窯。また、明治25（1892）年には、町内の一松堂小林政介が岩国から陶工を招いて紅葉谷講演入口に築窯し、「宮島製」「宮島焼」「宮島御砂焼」などの銘を用いて陶器を販売したが、これも明治31（1898）年頃には廃窯した。

明治40年代になると、鉄道の発達に伴い宮島を訪れる人も増えた。この時期に、近江の近藤栄次郎が対岸の宮島（現・宮島口）駅前に開窯。京都と兵庫から陶工を招いて、京焼・萩焼の技法を加えて「宮島焼」の名で作陶したが、それも7年後に廃窯してしまった。だが、このときの陶工を中心に、その後も「宮島」「宮島焼」の刻印のある製品が焼き続けられた。地元からも優秀な陶工を輩出し、宮島焼は再生、定着して今日に至る。

製品は、急須や茶碗などの茶道具、花瓶・花筒などが多いが、他にも食器や酒器、菓子器などもつくられている。いずれも萩焼を思わせる淡釉が掛けられ清楚な印象が強い。

淵崎焼

広島市南区仁保の淵崎で、材木商の木屋村木新次郎と銀杏屋渡辺栄次郎らが伊予から陶工を招いて慶応年間（1865〜68）年に開窯した。開窯の時期を文久元治年間（1861〜64）年とする説もある。

陶器と磁器の日常雑器を焼いたが、明治13（1880）年頃に閉窯した。

姫谷焼

江戸前期（1660〜80年代頃）に、深安郡広瀬村姫谷（現・福山市）で焼かれた色絵磁器。その頃に有田（佐賀県）以外で焼かれた磁器、として注目される。福山藩主水野勝種によって始められたともいうが、開窯・閉窯の時期は定かでない。碗や皿が中心で、呉須と鉄釉で草花や山水、牡丹などの文様などが描かれている。ただ、伝世品の数は少なく、「幻のやきもの」ともいわれる。

Ⅲ　営みの文化編　　151

Topics ● 草戸千軒

　近年の大規模な発掘調査によって、中世鎌倉期から室町期にかけておよそ300年間存在した大規模集落とされる草戸千軒(福山市)の存在が明らかになった。そこでは、大量の土師器や須恵器が出土している。特に土師器が多く、その近くで焼かれて市が立っていた、と想定されている。

　草戸千軒は、瀬戸内海の芦田川河口の港町として栄えた。時期によって町の規模は変遷しているが、近隣に長和荘などの荘園があり、地頭・杉原氏や、一帯の領主であった渡辺氏の保護の下、他地方との物流の交流拠点として栄えた。朝鮮半島や中国大陸との交易もあった、とみられる。

　草戸千軒の名は、江戸時代の中頃に、備後福山藩士・宮原直倁によって書かれた地誌『備陽六郡志』の中での「草戸千軒という町があったが、寛文13年(1673年)の洪水で滅びた」との一文からつけられた、という。ただ、町についての様子が書かれていなかったため、想像上の幻の町ともいわれていた。

　それが、昭和5(1930)年前後の河川工事によって遺物が出土し、ようやく存在が確認されたのだ。そして、昭和36(1961)年から約30年にも及ぶ大規模な発掘調査で、さらに全容の判明に至ったのである。

　そのように長く埋もれていた後に発掘されたことから、「東洋のポンペイ」とか「日本のポンペイ」などともいわれる。だが、最盛期に埋没したポンペイとは違い、洪水で川の底に沈んだ時期には、すでに町としては廃絶状態にあったともみられている。

　なお、草戸千軒からの出土資料やその複製品、古文書類、同時代の陶磁器などは、福山の草戸千軒ミュージアム(広島県立歴史博物館)に所蔵されている。出土品のうち2930点が、平成16(2004)年に国の重要文化財に指定された。

Ⅳ

風景の文化編

地名由来

歴史に揺らいだ毛利氏

現在の広島県の県域は旧「備後国」と「安芸国」であった。およその関係を示すと、次のようになる。

　　備後国…福山市・尾道市・府中市・庄原市・三次市など
　　安芸国…三原市・竹原市・東広島市・大竹市など

広島県の成り立ちは比較的スムースに運ばれたようである。明治4年(1871) 7月の廃藩置県では、「中津藩」が「中津県」、「福山藩」が「福山県」、「広島藩」が「広島県」になり、その流れの上で明治9年(1876) 4月に「広島県」として統合された。その背景には、こんな歴史が隠されていた。

関ヶ原の戦いまで、この中国地方で最大の勢力を誇っていたのは毛利氏であった。毛利氏は鎌倉幕府御家人から安芸国の国人となり、やがて戦国大名として特に安芸国に勢力を張っていた。毛利元就は次々と周囲の敵を打ち負かし、出雲にまで進出する勢いを見せ、毛利氏全盛時代を築いた。その孫に当たる毛利輝元は秀吉側の急先鋒として活躍し、秀吉の四国攻め、九州攻めでは大きな貢献をなし、秀吉からの信望も厚かった。慶長2年(1597) には豊臣家の五大老に列し、その流れの中で関ヶ原の戦いでは西軍の盟主となった。

結果は惜しくも敗北の運命となり、周防・長門に厳封の上飛ばされることになる。毛利輝元は隠居するが、その長男秀就は今の萩に築城し、以来毛利氏は萩を拠点にして勢力を温存することになる。

いわば、長州の萩は関ヶ原で敗北を喫した怨念を有しているところで、それを理解すると、長州が討幕に動いた理由もわかってこよう。現に、安政の大獄で殺された吉田松陰 (1830~59) への思いから、松下村塾の弟子に当たる高杉晋作は「必ず敵を取ってやる」と言ったと伝えられる。

そう考えると、明治新政府は毛利氏の末裔のようなもので、毛利氏が築いた広島城やその周辺には好印象を持っていたのではと考えられる。

154

「広島」という地名の由来については、毛利輝元が広島に築城した際、毛利氏の祖に当たる大江広元の「広」と、城地選定に当たった福島元長の「島」をとって「広島」と名づけたと言われているが、文献的な証拠はない。

とっておきの地名

① 厳島（いつくしま）　古来厳島神社が鎮座する島で、日本三景の1つとして多くの観光客を集める。古代においては「伊都岐島」と記されているが、これは単に音を当てはめたに過ぎない。「斎く」という言葉があるが、心身のけがれを浄めて神に仕えることを意味している。「厳島」は「斎く島」というのが由来だという。この島は島そのものが神の棲む神聖な場所であって、そこから「斎く島」と呼ばれたのであろう。

　一方、厳島神社の縁起によれば、ご祭神の「市杵島姫命（いちきしまひめのみこと）」の名に由来するという。伝承によれば、素戔男命（すさのおのみこと）の娘とされる宗像三女神の「市杵島姫命」「田心姫命（たごりひめのみこと）」は2羽の神鴉（神の遣いのカラス）に導かれてこの地に鎮座したという。

　いずれにしても、この地が「いつくし」（厳し、慈し、美し）の場所であったことは事実である。

② 加計（かけ）　「加計町」はかつて山県郡にあった町。平成16年（2004）の合併によって安芸太田町の一部となった。難読地名の1つだが、『大日本地名辞書』ではこう記している。

　「加計はもと懸（カケ）に作る、大田川と滝山川と此にて落合ふ、村民農余に紙抄舟運業、又は鉄業に従ふ、村中市聚を成せり、此村、寛政八年水害を被り、後漸く復旧すれど、水路は変じたりと云ふ」

　この「懸」をどう解釈するかだが、一般的には舟運のための舟を「かける」意味に使ったのではないかというのが通説になっている。あるいは橋を架けたことにちなむか。

③ 吉舎（きさ）　「吉舎町」はかつて双三郡に存在した町。平成16年（2004）の合併によって三次市の一部になった。室町時代から江戸時代を経て明治期に至るまで「吉舎村」であったが、明治22年（1889）の町村制の施行により、新「吉舎村」となって、大正6年（1917）に「吉舎町」

Ⅳ　風景の文化編　　155

となる。現在は三次市に属す。『大日本地名辞書』では、『和名抄』にある「私部郷」が「吉舎」のルーツであるとする。「私部」「私市部」とは、妃后のために置いた部のことで、敏達天皇の時、后妃個々のため名代の代わりに、后妃全体のために置いたという。その部民と何らかのかかわりがあるとみられる。大阪府交野市にある「私市」も同様な歴史的背景を有するとみられている。

④己斐　広島城は別名「鯉城」と呼ばれ、広島東洋カープの「カープ」は「鯉」である。その由来になったのが広島市の西部にあった「己斐村」である。今の「西広島駅」付近から八幡川沿いの地域である。鎌倉期から明治に至るまで「己斐村」として長い歴史を刻んできたが、明治44年（1911）に「己斐町」、そして昭和4年（1929）に広島市に編入されて今日に至っている。

　ここにはこんな伝承がある。昔、神功皇后が西国の熊襲征伐に向かった折、ここに船を停めて滞在した。その時、県主が大きな鯉を献上したところ、皇后が大いに喜ばれ、「鯉村」と名づけたのだという。その「鯉村」がなぜ「己斐村」に変わったのか。奈良時代の二字好字政策によるもので、その時、「鯉」を「己斐」という二字好字に変えたのだという。

　現在の太田川放水路はかつては「己斐川」と呼ばれ、さらに今の「西広島駅」も昭和44年（1969）までは「己斐駅」だったという。広島を代表する地名をいとも簡単に消したことになる。

⑤上下　今は府中市に合併されてしまったが、かつて甲奴郡に「上下町」という町があった。これは文句なく面白い地名。いったい何が「上下」なのか。実はこの町が日本海に流れる「江の川」水系と瀬戸内海に流れる「芦田川」水系との分水嶺になっていることにちなむというのが定説になっている。町の中には分水嶺の碑も建てられており、むしろ分水嶺を売り物にしている感さえある。

　それにしてもその場合の「上下」とは何だろう。北に流れる江の川水系を上、南に流れる芦田川水系を下ということはないだろう。この地は山陰と山陽を結ぶ要地であって石見銀山の銀の集積地でもあったことから、都に近いほうが上、逆が下という考えも無理がある。落ち着くところは、分

水嶺であるがゆえに、水の流れに敏感であり、それが地形の上下に結びついたのではないかと思われる。

⑥鞆の浦（とも・うら）　『万葉集』巻三に、天平2年（730）12月に大宰師大伴旅人が京に帰る途中この地に寄り詠んだ歌が収められている。

　　吾妹子が見し鞆（とも）の浦のむろの木は
　　　　　　　　常世（とこよ）にあれど見し人ぞなき

　奈良時代には「鞆の浦」という地名は成立していたのだが、歴史はさらにさかのぼる。まずこの「鞆」という言葉が様々な事象をイメージさせてくれる。「鞆」とは、弓を射る時に左手の内側につける革製のプロテクターのことだが、それが神功皇后伝説と結びついて様々な憶測を呼んでいる。また「艫（とも）」からの転訛とする説もあるが、「艫」とは船の後方つまり船尾のことで、これにも神功皇后伝説がまとわりついている。

　古来、この鞆の浦は瀬戸内海の交通の要地で、「潮待ちの港」として親しまれてきた。『大日本地名辞書』でも「此津は古代蕃客接待の海駅なり、近世の韓使の来往にも之を経由せり」とある。

　「鞆町（ともちょう）」は明治22年（1889）の町村制の施行によって誕生したが、昭和31年（1956）に福山市に編入されて今日に至っている。

⑦三次（みよし）　「三次」と書いてなぜ「みつぎ」ではなく「みよし」と読むのかは、広島県人でなくとも一度は不思議に思ったことがあるはず。これには古代からの深い理由がある。古代「備後国」の郡名に「三次郡（みよしのこおり）」があった。通常は「みよし」だが、『和名抄』では「ミスキ」と訓ずる。「スキ」は古代朝鮮語で「村」を意味するので、もともとある集落を指していたものと考えられる。この「三次」は「上次（かみすき）」「幡次（はたすき）」「下次（しもすき）」の3つの「次」があったことによると言われる。

　その後「三吉」「三好」「三善」などの表記もされたことがあるが、寛文4年（1664）に三好藩初代藩主の浅野長治が「三次」に統一して今日に至っている。

難読地名の由来

a.「薬研堀」（広島市）**b**.「温品」（広島市）**c**.「三篠」（広島市）**d**.「警固屋」

Ⅳ　風景の文化編　　**157**

（呉市）e.「十四日」（尾道市）f.「水呑」（福山市）g.「廻神」（三次市）
h.「吉舎」（三次市）i.「水分峡」（安芸郡府中町）j.「女子畑」（呉市）

【正解】
a.「やげんぼり」（製薬器具の薬研のように、断面がV字型の堀にちなむ）
b.「ぬくしな」（かつて温科氏が治めたといい、ゆるやかな階段状の地形によると思われる）c.「みささ」（太田川の別名「御篠川」に由来する。御篠川が笹の葉を重ねた形をしていることによる）d.「けごや」（もとは「食小屋」（飯場）だったが、後に武士を警護に当たらせたことから「警固屋」に変えた）e.「とよひ」（毎月十四日に市が立っていたことに由来する）
f.「みのみ」（熊ヶ峰山系の湧水が有名で、このように命名された）g.「めぐりかみ」（ヒコホホデミノミコトが当地に寄った際、烏帽子が木の枝に引っかかって、この地を巡られたという伝説がある）h.「きさ」（昔後鳥羽上皇が隠岐に流される時、当地の「吉舎良神社」で1泊し、「吉き舎り」と話されたことから「吉舎」という地名が生まれたと伝える）i.「みくまりきょう」（「水分神社」に由来し、水を分けることに由来する）j.「おなごばた」（もとは「好畑」だったのだが、「好」が「女」と「子」に分割されてできた）

商店街

尾道本通り商店街（尾道市）

広島県の商店街の概観

　広島県の人口は中国・四国地方最大の283万人を数え（2016年）、国土の幹線交通軸に位置する瀬戸内を中心に都市が発達してきた。主な都市としては城下町であった広島市、福山市、三原市、港町として栄えた尾道市、明治になって軍港が置かれた呉市などがあり、その後の工業化等により発展してきた。一方、北部山間地域は過疎化、高齢化の進行が著しく、三次（みよし）市を除けば、都市の形成は少ない。世界遺産（厳島神社、原爆ドーム）などの観光資源に恵まれ、国内外からの観光客数は2013年に年間6,000万人を突破し、なお増え続けている。

　2014年の商業統計によると、広島市の小売業年間商品販売額は1兆円を超えており、県全体の45％を占めている。中四国では最多であるが、中国地方全体の小売業の中心とまでは言えない。広島市以外では、福山市、東広島市、呉市、尾道市が1,000億円を超えており、百貨店もこれらの都市に店舗展開している。なかでも福山市は広島県東部から岡山県西部にかけて商圏を広げており、岡山資本の百貨店が立地する。北部では、江の川流域に購買圏を広げる三次市の集積規模が比較的大きい。

　広島市は、毛利氏による築城以降、水運を主とした物資の輸送により、現在につながる商業の基礎を築いた。1894年には神戸から鉄道が伸びたことで中央との結び付きを強め、日清戦争勃発後、一時、大本営が置かれたため軍都としての性格を強めながら、中四国最大の都市として発展を続けた。現在の中心商業地は江戸時代に旧山陽道（西国街道）沿いにあった城南の町人町から発展したものであり、県内外資本の百貨店が複数立地している。商業地の東側には飲食店の多い歓楽街があり、中四国地方最大の繁華街の様相を呈している一方、西側には原爆ドームがあり、元安橋を渡った一帯は平和記念公園となっている。また、1990年代以降、広島市内に

【注】この項目の内容は出典刊行時（2019年）のものです

点在していた工場跡地や郊外の幹線道路沿い、海沿いの埋立地などに建設されてきた大型商業施設は、他県と同様に市民の買い物環境を変えてきた。

広島市以外では、製鉄業を基幹産業とし県内第2の経済規模である福山市の中心商店街が、駅前の百貨店とともに商業の中心を担ってきた。また、軍都として栄え、現在も自衛隊が基地を置く呉市では、人口減少下でも中心商店街が地域おこしの重要な役目を果たしている。その他、瀬戸内では因島や安芸津、忠海など造船業の町、県北の庄原などに商店街があったが、店主の高齢化や後継者不足、大型店の進出などの影響により衰退している。

一方で、観光による活性化に取り組む商店街もある。廿日市市宮島町では、厳島神社の「表参道商店街」が土産物の購入や食べ歩きを楽しむ観光客の人波に連日埋まっており、県北部の三次市では中心商店街が景観整備に取り組んだ結果、鵜飼やワイナリーとともに市内の観光資源となった。また、映画の舞台、文学のまちとして人気のある尾道市では、中心商店街が市内散策の拠点として機能しており、近年はしまなみ海道のサイクリストも増えている。このほか、「安芸の小京都」と称される竹原市はNHKの朝の連続テレビ小説『マッサン』で注目されるようになった。

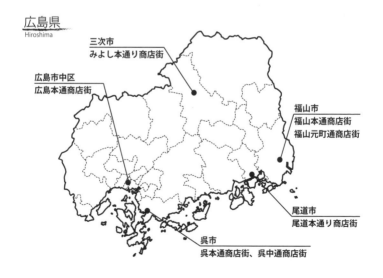

行ってみたい商店街

広島本通商店街（広島市中区）
―観光客と地元客が入り混じる平和都市の商店街―

　中国・四国地方を代表する大都市である広島市の中心商業地区には、県内各地からの買い物客のほか、国内外からの観光客が訪れる。なかでも原爆ドームや平和記念公園のエリアから東に伸びる広島本通商店街には、様々な店舗が立ち並び、商店街周辺にも個性豊かな店舗が多い。「本通」の名は県内の他都市の中心商店街にも名づけられており、広島県内において賑わう商店街の代名詞とも言える。この広島本通商店街を西から東に進む形で紹介したい。

　西側から本通商店街のアーケードに入ると、元安川をはさんで隣に広がる平和記念公園とは空気が一変する。お好み焼き屋などの飲食店、居酒屋などに交じって立地している、伝統的工芸品の熊野筆の販売店などを楽しみながら歩けば、5分ほどで路面電車の本通駅に到着する。路面電車が走る大通りを渡った先は、商店街の中心エリアとなり、観光客に加えて地元の買い物客も増えてくる。アパレル関連や貴金属販売の店舗、カフェや飲食店が目立つが、土産物を販売する観光客向けの店舗も多い。特に県の商工会が運営するひろしま夢プラザは、県内市町村の情報や特産品も充実している。また築年数が古い被爆建物も現存し、店舗として利用されているところもあり、見どころ満載である。

　本通商店街はかつての西国街道に当たる。武家屋敷が広がっていた商店街の北側は、広い土地を利用し、戦前から百貨店が開業したことで中四国の商業の核となった。一方で、商店街の南側には狭隘な町家が立ち並んでいたことから、現在でも小規模な店舗が多い。また、大型商業施設に突き当たる形で商店街が鉤型に曲がっているところもあり、江戸時代までに形成された城下町の町割りの影響を色濃く残す街並みが広がっている。このように、多様な規模、ジャンルの店舗が立地し、厚みのある広島市の中心商業地区において、本通商店街は歴史を現在に残し、太い幹として貫いている。広島本通商店街を散策される際は、今も垣間見える城下町としての発展、戦争の傷跡、その後の再興にもぜひ思いを馳せてもらいたい。

Ⅳ　風景の文化編　　161

福山本通商店街、福山元町通商店街（福山市）

―鉄のまちのグッドデザイン商店街―

　県の最東部に位置する福山市は、製鉄業を基幹産業とする人口約47万人の県内第2の都市である。JR福山駅を起点に南へ歩くと見えるY字路から二手に伸びるのが、福山元町通商店街と福山元町一番街商店街である。特に全蓋式の元町通商店街には、岡山資本の天満屋が中心部唯一の百貨店として営業しており、駅西側の大型商業施設とともに双璧をなしている。元町通商店街のアーケードを南へ抜けた先の久松通商店街も含めて、この地区には飲食店が豊富に立ち並び、昼夜ともに食事を楽しむ人が多い。

　一方、福山駅から東へ徒歩5分ほどで到着する福山本通商店街は、江戸時代より「とおり町」の愛称で親しまれてきた。福山城の城下町のなかでも商家が集まっていた地域に当たり、古くからの買回り品販売店舗を中心に約70店舗が営業している。最近は洒落た雰囲気の飲食店も増え、商店街振興組合が運営する「とおり町交流館」ではイベントも開催される。

　南北に伸びる福山本通商店街では、2016年、南隣の船町商店街とともに約400mにわたって、老朽化したアーケードの改修に取り組んだが、その珍しい手法は全国から注目された。アーケードの左右の支柱を残し、その間に無数のワイヤーを張ることで、長年、親しまれていたアーケードの雰囲気を保ちつつも、日光が入る開放的な景観を生み出したのである。この改修で2017年の「グッドデザイン賞」を受賞した福山市の中心商店街に、ぜひ足を運んでいただきたい。

呉本通商店街、呉中通商店街（呉市）

―海軍・海上自衛隊とともに発展した商店街―

　当初、小さな漁村であった呉は1889年の鎮守府、1903年の海軍工廠の建設によって発展が進み、あわせて商業機能も拡大してきた。中心商店街は現在、JR呉駅から南東へ徒歩5分ほどの場所に位置しており、開業から1世紀を迎えようとする店舗も営業する呉本通商店街、呉中通商店街は、呉市の商業の中心として存在し続けてきた。

　片側3車線の国道185号線の両側に伸びる呉本通商店街は「フラワー通り」の愛称で親しまれ、地元住民が整備した花壇が美しい。金融機関、オフィスが建ち、呉市の中心業務地区として機能するこの商店街には、高級衣料品、貴金属などの高価な商品を取り扱う買回り品販売の店舗が多い。

本通商店街から西へ二筋入った呉中通商店街は、1977年より36万個ものレンガを用いた舗装を行ったことから「れんがどおり」とも呼ばれる。開放的な買い物空間づくりを目指して1990年に設置された全長420mの開閉式アーケードには、呉市のキャラクター「呉氏」の垂れ幕が並び、観光客への宣伝にも一役買っている。買回り品販売の店舗に加えて、飲食店や広島資本の福屋百貨店も営業し、活気にあふれている。

また飲食店では、呉を拠点にする艦艇ごとのカレーの味が各艦長監修のもとに再現され、「呉海自カレー」として提供されている。艦艇ごとの異なる味を楽しもうと、約30の販売店舗をはしごする客の姿も多い。呉ではカレーを食べ比べながら、商店街を散策するのもよいのではないだろうか。

尾道本通り商店街（尾道市）
―"映画のまち"から"自転車のまち"への変化を見てきた商店街―

県南東部、瀬戸内海に面する尾道市は、急峻な山を背に広がるわずかな平地に市街地が広がっている。幅約200mの尾道水道をはさんだ向島などの島も含め、造船業を中心に発展してきた。また、映画や文学のまちとしても知られ、今の中高年層には従来から人気の観光地であった。ところが最近では、尾道観光のハイライトである市街地裏山の千光寺などに若年層の姿も目立つようになってきている。

「映画のまち」らしく、2008年、市民の手によってコミュニティシネマが開業した尾道駅前から東に伸びる尾道本通り商店街などの中心商店街は、総延長約1kmのアーケードを持ち、通りから広がる路地までも多くの客が訪れ、活況を呈している。商店街には全国展開する店舗はほぼ見られず、古くからの買回り品（服飾、時計など）の店が軒を連ねるが、その間を埋めるように、古い商店や銭湯などをリノベーションした新しい店舗が営業している点は興味深い。若い経営者の姿も多い新規店舗での工夫が凝らされた店づくりは観光客の人気を呼び、SNSで発信され続けている。結果として買い物客が新たな顧客を呼び込む好循環が生まれており、尾道に若年層観光客が増えている一因になっていると言える。

また、尾道は四国としまなみ海道で結ばれている。本州・四国を結ぶ3ルートで唯一、自転車で通行できるため、美しい瀬戸内の景色を楽しむ世界各地のサイクリストが尾道を訪れている。中心商店街には自転車の休憩所やゲストハウスも増え、サイクリストと地域との交流も進んでいる。

IV　風景の文化編　　163

かつて「政治は広島、経済は尾道」と言われたほど尾道の商業の歴史は古く、全国的にも早くから商工会議所も設置された。芸術や音楽、文学などをテーマに商店街で開催されるイベントは、商工会が運営や情報発信に関与することで来訪者の増加に一役買っている。見どころ満載でレトロな雰囲気が残る尾道の中心商店街からは今後も目が離せなさそうだ。

みよし本通り商店街（三次市）
―山あいで“うだつを上げた”商店街―

　中国山地の盆地に位置する三次市は県北部最大の都市である。三次と日本海側を結ぶ鉄道は2018年に廃線となった一方、広島市内への鉄道やバスは頻繁に運行しており、今では瀬戸内との結び付きが強い。ただ、三次を経て日本海へと流れる江の川が三次の発展に及ぼした影響も大きく、この地の郷土料理にはサメなど日本海側の食材が多く使用されてきたほどである。

　みよし本通り商店街は、16世紀末に当時の物流ルートだった江の川の支流沿いに整備された定期市を基礎に形成され、現在の市中心部やJR三次駅から北西約1.5kmに位置する。「卯建」や「袖壁」を持つ古い商家が約1.4kmにわたって並ぶ商店街の景観は、統一感があり、趣深い。卯建には隣家からの延焼を防ぐという実用的な役割がある反面、商売繁盛の証しに掲げられるという側面がある。商店街内には従来からの店舗のほか、戦前に銀行だった建物を利用した歴史民俗資料館が見られる。また、新規出店希望者への支援を制度化したことで、新たに衣料品店や食料品店、カフェなどが営業を始め、これらの店舗には足を運ぶ観光客も少なくない。

　商店街が新たな顧客を獲得するようになった契機としては、2000年代から行われた「卯建のにあう町」をコンセプトにした石畳舗装や電柱の撤去、街路灯の設置がある。これにより、合わせて20軒以上の商家や旅館が改修工事を行ったことで、統一感のとれた景観が整備された。その結果、みよし本通り商店街は、2018年5月、国土交通省から「都市景観大賞」の優秀賞を授与された。今後のまちづくりにも期待が寄せられている三次市の商店街にぜひ足を運んでいただきたい。

花風景

平和記念公園のキョウチクトウ

地域の特色

瀬戸内海に面する山陽地方に位置し、北は中国山地の山々が連なり、その南に高原があり、緩傾斜(かん)で瀬戸内海へと続くが、山地の盆地と河川の扇状地が平野をつくり、広島、福山、竹原、三次(みよし)、庄原(しょうばら)、西条(さいじょう)などの町を生んだ。瀬戸内海には芸予諸島など島々が連なる。古代には平清盛(たいらのきよもり)が厳島(いつく)神社(しま)を造営し、近世には広島城の広島藩と福山城の福山藩が統治し、第2次世界大戦では軍事拠点であった広島に原爆が投下された。中国山地の一部は日本海側となるが、大部分は瀬戸内海の暖温帯の気候である。

花風景は、寺院やため池の近代のサクラ名所、戦災復興の広島のキョウチクトウや福山のバラ、歴史的名所の花木の他、特質すべきはなりわいの花のジョチュウギク(除虫菊(じょちゅうぎく))の伝承やレモンの栽培である。

県花は県木と同じムクロジ科カエデ属のモミジ(紅葉)である。植物学的にはカエデもモミジも同じで、共に総称である。モミジはイロハモミジのように葉の切れ込みが深く、紅葉も鮮やかである。カエデはイタヤカエデのように切れ込みが浅い。花は赤色や白色で小さく目立たないが、厳島(いつくしま)、帝釈峡(たいしゃくきょう)などモミジの名所が多く、もみじ饅頭(まんじゅう)も有名である。

主な花風景

千光寺公園(せんこうじ)のサクラ　＊春、日本さくら名所100選

千光寺公園は、広島県東部・JR尾道(おのみち)駅の北側に位置する標高140メートルほどの千光寺山(せんこうじやま)の山頂から中腹にかけて広がる。頂上には展望台も整備され、手前に尾道の街並み、そして瀬戸内海国立公園に指定されている尾道水道(すいどう)越しに向島(むかいしま)が見える。

春になると頂上から中腹にかけては、ソメイヨシノを中心にシダレザクラやヤエザクラなど約1,500本のサクラの花で埋め尽くされる。中腹には

凡例　＊：観賞最適季節、国立・国定公園、国指定の史跡・名勝・天然記念物、日本遺産、世界遺産・ラムサール条約登録湿地、日本さくら名所100選などを示した

名前の由来となった千光寺がある。弘法大師による806（大同元）年の開基と伝えられる真言宗の寺である。境内の鐘楼は「時の鐘」を近隣に告げ、人々の生活と共に歴史を重ねてきた。1996（平成8）年には環境庁（現環境省）により「千光寺驚音楼の鐘」として「残したい日本の音風景100選」に選定されている。

千光寺公園の公園化への道は、1968（昭和43）年に名誉市民に選ばれた三木半左衛門が千光寺住職の多田実圓和尚らの協力を得ながら進めた「尾道共楽遊園」の整備が第一歩であるという。この共楽遊園の整備に伴う樹木などは千光寺の寺領（約4,450平方メートル）と共に尾道市に寄付された。その後、「千光寺公園」と名称が変更された。15（大正4）年に御大典記念事業で公園の設計が行われることなり、林学博士本多静六らに調査が委託された。以後、公園整備が進められるとともに、1934（昭和9）年には千光寺山裏の自動車廻遊道路が開通した。

尾道は、文学のまちとしても知られる。千光寺山山頂から中腹にかけて、尾道ゆかりの志賀直哉や林芙美子をはじめとして、詩歌や小説の一節などが刻まれた25基もの文学碑が立つ。

上野総合公園のサクラ　＊春、日本さくら名所100選

上野総合公園は広島県北部、中国山地と吉備高原の間にあるJR備後庄原駅から南東約700メートルに位置する上野池を囲むように広がる公園である。上野池を中心に約600本のソメイヨシノなどが植栽されており、ライトアップされる夜桜の美しさは見事である。

公園の始まりは大正末期にさかのぼる。昭和初期には数千本のサクラが植えられたとされる。1929（昭和4）年に上野公園保勝会が設立され、33（同8）年には大阪市都市計画課技師であった大屋霊城を招き入れ、大屋の設計に基づき、地元の人たちの協力を得ながら整備が進められた。

上野池は慶安承応年間（1648～55年）の頃に灌漑用ため池に改修されたという。以後、堤の嵩上げなどが行われ、現在、広さは12ヘクタールほどである。また、上野池およびその周辺の地域約70ヘクタールが建築物などの規制がされる風致地区に指定されており、環境の保持が図られている。

広島県では中国地方5県にまたがる中国自然歩道とは別に県中央部を通る広島県自然歩道（125キロ）が整備されている。上野総合公園は広島県自

然歩道の七塚原牧場ルートの起終点になっている。七塚原牧場は1900（明治33）年に日本初の国立種牛牧場が開設された所で、現在は広島県畜産技術センターとなっている。また、ルート沿いの国営備北丘陵公園の中にある江戸時代につくられた国兼池は、工事の完成を祈り神に捧げる犠牲として人柱になった「お国」と「お兼」の名前に由来するとして、今に伝えられている。

平和記念公園のキョウチクトウ　　*夏、名勝、史跡、重要文化財、世界遺産

　原爆投下により焦土化した広島の街にキョウチクトウはいち早く咲き、復興にむけて懸命に努力する人々に勇気や力を与えてくれたという。8月6日の平和記念日の頃に花の盛りを迎える。1973（昭和48）年に広島市の花に制定された。キョウチクトウ（夾竹桃）はキョウチクトウ科の常緑低木である。名前は、葉がタケのように細く、また花がモモに似ていることに由来している。59（同34）年、広島市とホノルル市は姉妹都市となり、61（同36）年にはハワイから届いた白いキョウチクトウが植えられた。

　平和記念公園は、旧太田川（本川）が元安川と分かれる三角州の上流側に広がる。この中洲は戦前、市内の中心地として、広島県庁、商店街などがあったが、原爆で壊滅した。戦後、1949（昭和24）年8月6日に広島平和都市建設法が公布され、50（同25）年から平和記念公園などの建設が進められ、55（同30）年に完成した。平和記念公園は2007（平成19）年に名勝に指定されたほか、丹下健三が設計した広島平和記念資料館（本館）は06（同18）年に戦後建築物としては初めて、重要文化財に指定された。原爆ドームも平和記念公園の敷地内にあり、1996（同8）年に世界遺産に登録された。

福山市ばら公園・緑町公園のバラ　　*春・秋

　福山市は広島県の東部に位置している。ばら公園では1.5ヘクタールの園内に280種、約5,500本のバラが、緑町公園の六角錐状の花壇には、330種、約5,100本のバラが咲き誇る。

　福山市は1945（昭和20）年8月8日、米軍のB29爆撃機91機による空襲により、その8割ほどが焼失し、死者386人以上、負傷者864人以上という大惨事に見舞われた。戦後10年余りが経過した頃に「荒廃したまちに潤

いを与え、人々の心に和らぎを取り戻そう」と御門町南公園（現ばら公園）に付近の住民を中心とした市民有志により、約1,000本のバラが植えられた。「ばらのまち福山」の始まりである。これを契機として福山市も予算を確保し、住民たちの活動は民間と行政の協働活動へと広がっていった。活動が進められるなか、68（昭和43）年には全国美しい町づくり賞・最優秀賞（花園町町内会）を受賞する。この年から、今に続く、「福山ばら祭」が開催される。85（同60）年にはバラは市の花となり、93（平成5）年には「ばらシンボルマーク」が制定された。2001（平成13）年、防災機能を備える総合公園として整備されていた緑町公園の中の花壇が完成する。07（同19）年度に策定された第四次福山市総合計画では、将来都市像を「にぎわい　しあわせ　あふれる躍動都市〜ばらのまち福山〜」と定めた。10（同22）年には、市政施行百周年となる16（同28）年度に「100万本のばらのまち　福山」を実現するための行動計画が策定され、16（同28）年5月21日に100万本を達成した。折しもこの日は15（同27）年の「福山市ばらのまち条例」制定後、初の「ばらの日」であった。全国美しい町づくり賞・最優秀賞受賞の記念碑には「ここに善意の花ひらく」と刻まれている。今、善意の花は、駅前、歩道、店先、民家の庭先に至るまでに広がっている。

音戸の瀬戸公園のヒラドツツジ　＊春

　音戸の瀬戸は広島県南西部に位置する呉市の本州側と倉橋島側の間にある海峡である。可航幅が60メートルと狭く、潮流の速い海峡を1日700隻もの船舶が行き交い、瀬戸内海海上交通の難所となっている。1961（昭和36）年、海峡をまたぐ日本初の「2層半螺旋型高架橋」として音戸大橋が完成した。合わせて本州側の警固屋地区に音戸の瀬戸公園が整備され、ツツジが植えられた。現在、その数は約8,300本。4月から5月にかけて赤や白、ピンクの花が咲き、見頃を迎える。特に長崎県平戸原産に由来するというヒラドツツジと朱色の音戸大橋の競演は見事である。

　音戸の瀬戸は、平清盛が沈みゆく夕日を金の扇で煽ったところ、招かれるように太陽が昇り、その日のうちに音戸の瀬戸を切り開くことができたという「日招き伝説」でも広く知られている。

因島のジョチュウギク　＊春

　大正時代から昭和にかけて、初夏を迎えると瀬戸内海の沿岸域や因島など島々の段々畑はジョチュウギク（除虫菊）の花で一色になった。こうした先人たちの偉業を伝承すべく、保存と観光のために因島の北西部の重井西港を見下ろす馬神などで栽培が継続されている。特にこの辺りの除虫菊の栽培地は国内でも数少ない場所として環境省の「生物多様性保全上重要な里地里山」に選定されている。

　除虫菊は植物学的にはシロバナムシヨケギクが正式名でキク科の多年草である。原産地は地中海に面したダルマチア地方といわれる。日本には1885（明治18）〜86（同19）年にもたらされ、和歌山県の日高川流域で栽培が始められた。広島県には89（同22）年頃に向島に初めて移入された。因島では1907（同41）年頃から因島除虫菊の父といわれる村上勘兵衛によって栽培普及が進められた。大正期になると広島県は和歌山県をしのぐ生産地となり、最盛期の因島の作付面積は350ヘクタールあったという。重井町一本松には村上勘兵衛の功績を讃える碑が立つ。

生口島レモン谷のレモン　＊春

　レモン谷は瀬戸内海に浮かぶ生口島の尾道市瀬戸田町垂水地区一帯に広がるレモン畑の通称である。5月頃、一帯では柑橘類特有の白い小さな花弁をつけるレモンの花を楽しむことができる。広島県では豊田郡大長村（現広島県呉市豊町大長）が、1898（明治31）年に和歌山県からネーブルの苗木を購入した時、レモンの苗木3本が混入しており、それを生育させたのが始まりと伝えられている。瀬戸田では昭和初期に始められたという。以後、急速に拡大し、1953（昭和28）年に広島県は全国一の生産県となる。以後も生産量は増加したものの、64（同39）年のレモン輸入自由化などにより大打撃を受けた。しかし、輸入レモンの収穫後の防かび剤の使用が問題となり、安全性の観点から防かび剤を使用していない国産レモンが求められるようになり、これが復活の契機となった。2002（平成14）年度に行われた第8回環境保全型農業推進コンクールでは「エコレモン」として優秀賞を受賞。皮ごと食べられるレモンは島内で提供されるレモン鍋には欠かせないものになっている。

Ⅳ　風景の文化編　　169

公園／庭園

平和記念公園

地域の特色

　中国地方中央部の瀬戸内海に面する山陽地方に位置し、北は中国山地が広がり、山陰の鳥取県、島根県に接している。中国山地は1,000〜1,300mの山々が連なり、その南に400〜600mの吉備高原などが連なり、緩傾斜をなして瀬戸内海へと続くが、平野に乏しい。山陽と山陰の分水嶺が広島県側にあり、山陽では太田川が広島平野の広島、芦田川が福山平野の福山をつくり、沼田川が三原、賀茂川が竹原をつくって、瀬戸内海に注ぐ。可愛川は中国山地から東流し、三次盆地を通って、中国地方最大の江の川に合流し日本海に注ぐ。付近には庄原、西条などの盆地もある。県東部の山地には帝釈峡、西部には三段峡などの峡谷の景勝地がある。瀬戸内海は陥没による地形が約8000年前の氷河期終焉の海進により沈水したものであるが、沈んだ山頂部が島々として残り、多島海を生みだした。

　広島県の沖合には愛媛県に連なる芸予諸島や広島湾の島嶼など島々が100を超えている。瀬戸内海には、アビ、スナメリクジラ、ナメクジウオの生息地が天然記念物となっている。

　古くは主に東部の備後の国と西部の安芸の国に分かれ、近世には福山城の福山藩と広島城の広島藩が統治した。古代には平清盛が厳島神社を崇敬し、社殿を造営した。中世には芦田川河口に栄えた港町の草戸千軒遺跡が残っている。鞆の浦は古代からの港であるが、近世には北前船の潮待ち・風待ちの港や朝鮮通信使の寄港地として栄え、近くの塩田と学問で栄えた竹原とともに古い町並みを残している。近代には広島・呉は軍事基地となりさまざまな関連施設が集中した。第二次世界大戦では広島に原爆が投下された。1996（平成8）年、厳島神社と原爆ドームが世界文化遺産となった。

　自然公園は瀬戸内海の多島海を主として、都市公園は大戦や城郭にちなむもの、庭園は大名庭園などが特徴的である。

主な公園・庭園

🉠 瀬戸内海国立公園しまなみ海道

　瀬戸内海国立公園の1934（昭和9）年の指定は、まとまりを重視し、飛地を嫌う考え方から備讃瀬戸に限定された。しかし、広島県の鞆の浦の一部は入っていた。近世に来日した朝鮮通信使が「日東第一形勝」つまり日本一の景勝と讃えていた所である。戦後の国立公園の拡張で、広島県（安芸）と愛媛県（伊予）に連なる多島海の芸予諸島や、現在世界文化遺産となっている厳島や、蒲刈島などが展望できる野呂山などが編入される。当初、芸予諸島は島嶼の山容が大きく島々が重なって見え、多島海の印象が薄いことから、また、何よりも軍事施設が多いことから最初から諦めていた。

　2016（平成28）年現在、芸予諸島のしまなみ海道と安芸灘とびしま海道がサイクリストの聖地として本格的なサイクリングで賑わっている。しまなみ海道は1969（昭和44）年に新全国総合開発計画において明石－鳴門、児島－坂出、尾道－今治の3ルートが決定した本州四国連絡橋（本四架橋）の一つ尾道－今治ルートであり、99（平成11）年に完成した。

　しまなみ海道は、10橋の橋梁美はもちろんとして、尾道・今治も特色ある街であるが、島々が独特の個性をもっていることが大きな特色である。映画の向島、村上水軍・園芸・造船の因島、平山郁夫美術館・耕三寺・野外オブジェ・レモンの生口島、そして、愛媛県になるが大山祇神社の大三島、塩の伯方島、能島水軍・高級御影石（花崗岩）の大島などである。生口島、岩城島（愛媛県）のレモン栽培が、瀬戸内海の新たなイメージを生みだし、新鮮な魅力を創出している。東の小豆島・豊島のオリーブが注目されているように、西の生口島・岩城島のレモンも今後注目されるであろう。生業の風景は貴重な景観資産である。

　生口島出身の巨匠平山郁夫が晩年瀬戸内海の風景を数多く描いている。シルクロードなどの絵画で知られる平山は東山魁夷ら日本画五山と称する画家たちと並び国民的人気を博する日本画家である。離島に生まれ、離島の隔絶感が痛いほどわかっていた平山は多島海に架かる本州架橋を美しく描く。真・善・美の調和を説く平山にとって調和こそ瀬戸内海の真髄であった。

Ⅳ　風景の文化編　　171

⽬ 瀬⼾内海国⽴公園⼤久野島

1897（明治30）年から1902（明治35）年にかけて、広島湾の東部防衛と日清戦争後の内海防備の必要性から、芸予諸島の北の広島県大久野島と南の愛媛県小島に芸予要塞が建設される。大久野島はその後数奇な運命をたどる。要塞廃止直後の1927（昭和2）年に陸軍造兵廠火工廠忠海兵器製造所が建設着手され、29（昭和4）年、毒ガス製造工場が生まれた。終戦を迎え工場は破壊されるが、50（昭和25）年、朝鮮戦争勃発とともに、アメリカ軍の弾薬庫を置く場所となった。大久野島には、明治時代の日清・日露戦争の要塞、昭和時代の日中・太平洋戦争の毒ガス工場、朝鮮戦争のアメリカ軍弾薬基地と三重の歴史の傷跡がきざみこまれている。56（昭和31）年、全島国立公園としてレクリエーションの島に変貌し、現在はウサギがいたる所で見られるウサギとたわむれる島となっている。

⽬ ⽐婆道後帝釈国定公園帝釈峡　＊名勝、天然記念物

帝釈峡は石灰岩地帯の台地が鋭く浸食されて生まれた帝釈川の峡谷で、1923（大正12）年、わが国の名勝に指定された。翌24（大正13）年に帝釈川ダムが建設され（その後改修）、一部がダム湖の神竜湖になっている。わが国の峡谷は多くが同じ運命をたどっている。

郜 平和記念公園および平和⼤通り周辺地区

＊世界遺産、名勝、史跡、日本の都市公園100選、日本の歴史公園100選

1945（昭和20）年8月6日午前8時15分、広島に原子爆弾が投下された。人類史に刻まれる凄惨な出来事を基につくられた平和公園、この場所は祈りに満ちた聖地である。焼き尽くされた広島の街は、今後70年間草木が生えないといわれていた。だが、この予想は良い意味で裏切られる。2カ月後の10月には、爆心地においてさえ焼け跡から緑の芽が顔を出したのである。当時、この緑がどれほどの希望を人々に与えたのか、想像に難くない。広島を緑に満ちた平和記念都市として蘇らせる、この復興への思いは、「広島平和都市建設法」として1949（昭和24）年に結実する。この流れと並行的に、48（昭和23）年夏頃から、爆心地の中島3万7千坪の土地に平和記念公園ならびに平和記念館を建設し、世界の平和都市広島のシンボルとする

案が浮上した。翌49年、広く設計案を公募した結果、当時東京大学助教授であった丹下健三のプランが採用されたのである。

毎年テレビで映じられる記念式典の様子から、平和記念公園の中心施設は、日本人にとって馴染深い。原爆ドーム・慰霊碑のアーチ・資料館を結ぶ南北軸がその中心である。資料館は、1階がすべて列柱のピロティとなっており、水平に長く広がるその構造には、重厚さと浮遊感が交差している。建築家丹下の名を世界に広めた傑作である。プラン採用前のある座談会で、丹下は「原爆の遺骸（ドーム）－祈りの場所－広場－記念館」が中心軸であること、アーチが平和への橋掛けであると述べつつも、祈りのみでは平和は生まれないという。積極的に平和を建設すること、この公園の造形には、設計者の構築の意志が現れている。

平和記念公園、隣接する幅100ｍの平和大通り、これについて語る書籍には、緑の豊かさが強調されている。中島を挟む二つの川の水面は岸辺の緑を映し、平和通りの街路樹は涼しげな木陰を与えている。だが、平和公園の中心、アーチから広場を抜け資料館にいたる空間は、むしろ何も遮るもののない空間として存在し、独特の存在感を放っている。

都 入船山公園　＊重要文化財、日本の歴史公園100選

かつて軍港として名を馳せた呉市は、広島県南西部に位置する。1889（明治22）年海軍呉鎮守府が設置され、ついで1903（明治36）年に呉海軍工廠が誕生し、後に戦艦大和を建造するなど、海軍の中心であり続けた。入船山公園は、鎮守府司令長官官舎が置かれていた場所を、第二次世界大戦後に公園として整備したものである。国の重要文化財に指定されている旧長官官舎は、記念館本館として海軍資料を展示し、戦前の日本において海軍が西洋式の生活スタイルを取り入れていた様を今日に伝えている。

都 三ツ城公園　＊史跡、日本の都市公園100選

広島県中央にある東広島市に、県内最大の前方後円墳「三ツ城古墳」がある。1951（昭和26）年に初めて発掘調査が行われ、その後90（平成2）年に復元整備が始まり、現在は三ツ城公園として近隣住民の憩いの場となっている。中心となる古墳は、全体が葺石で覆われ、周囲をレプリカの約1,800もの埴輪が囲んでいる。副葬品は埋め戻され、上からアクリル板越しに見

IV　風景の文化編　173

ることができる。どっしりと構える古墳の周囲は広々とした芝生で囲まれており、近くには遊具やせせらぎも整備されている。子ども連れで訪れる人々も多く、地域住民の身近な憩いの場と、雄大な歴史遺産とが、心地良さとともに共存している。

庭 縮景園 ＊名勝

広島市中区上幟町にある縮景園は、浅野長晟が広島に入国した翌年の1620（元和6）年から、造営を始めている。庭園と数寄屋建築は、徳島城表御殿庭園などをつくった上田宗箇の設計とされている。1713（正徳3）年に5代藩主吉長が庭園の各部分に名前を付け、7代藩主重晟の時には83（天明3）年頃、京都の清水七郎右衛門が庭園を整備したという。19世紀前半（江戸後期）にも幾度も整備を行い、薬園・花壇・茶畑などを設けている。

明治以後も浅野家の別邸として使われたが、1939（昭和14）年に広島県に寄贈された。45（昭和20）年に投下された原子爆弾によって、荒廃してしまったが、現在は御殿や四阿が再建され、園池や石橋も修復されて、旧態を取り戻しつつある。清風館の前面に広がる園池は、中央にある中国の西湖堤を模した石橋と堤で二分されている。園池背後の京橋川から水を取り入れているが、川との間に築山を設けて深山幽谷の雰囲気をつくりあげている。園路に沿って歩いていくと、途中の四阿で休息ができ、北東側の富士山型の築山の頂上からは、園池全体を眺めることができる。

庭 吉川元春館跡庭園 ＊名勝

山県郡北広島町海応寺に、吉川元春館は位置している。元春は毛利元就の二男だったが、吉川家に入って弟の小早川隆景とともに、元就と甥の輝元を補佐して、毛利氏の中国統一を成しとげている。この居館は1582（天正10）年に、元春が隠居所として造営したものだった。

発掘結果によると、居館は間口110ｍ、奥行き80ｍの規模で、中央に屋敷が建てられていて、その北西側に庭園がつくられていた。庭園は園池と築山をもつ小規模なものだが、滝石組と三尊石風の立石が置かれ、池底には0.3〜0.5ｍほどの扁平な石が敷き詰められていた。南側護岸は直線的な石積で、一部は会所跡とされる建物の礎石になっていた。2006（平成18）年に全体の復元整備が完了して、庭園も公開されている。

地域の特性

　広島県は、南に瀬戸内海、北に中国山地と接していて、面積で全国11位、人口で12位にランクされている。製造品出荷額では鉄鋼業、自動車、重工業が全国の上位5位以内に入っており、農漁業では鶏卵が5位、養殖カキが1位（収穫量の56％）である。新広島空港の開港や山陽自動車道も開通して中国地方の物流拠点になるとともに、人々の訪問先も多種多様になっている。広島県の主な訪問地として、まずは原爆ドーム、平和記念資料館、宮島、尾道、鞆ノ浦などが挙げられよう。
◆旧国名：安芸　県花：モミジ　県鳥：アビ

温泉地の特色

　県内には宿泊施設のある温泉地が65カ所あり、25℃未満の低温泉がほとんどで、加熱して利用されている。湧出量は毎分3万3,000ℓで多く、全国23位にランクされている。年間延べ宿泊客数は86万人で全国36位である。国民保養温泉地として、中国山地の県中西部に湯来・湯の山、中東部に矢野の2地区が指定されており、それぞれ落ち着いた自然環境の下に諸施設が整備されている。

主な温泉地

①湯来・湯の山　国民保養温泉地
　　　　　　　　　放射能泉

　県中西部、中国山地の山間部に位置する湯来温泉は、2005（平成17）年4月に広島市佐伯区に編入された。広島の奥座敷といわれ、静かな農山村を流れる渓流に沿って、数軒の旅館が並んでいる。1955（昭和30）年にいち早く国民保養温泉地に指定され、その後、湯の山温泉を加えた。交通はJR山陽本線五日市駅からバスが出ており、約1時間で到達する。こ

Ⅳ　風景の文化編

の温泉は9世紀初頭の大同年間に、白鷺が湯浴みをするのが発見されたという。戦国時代末には、戦乱を避けた真宗の安芸門徒がこの地に集まって温泉を利用し、近郊の農民も湯治でやって来た。近世期、近くの湯の山温泉は、広島藩主浅野氏の御前湯として利用されていた。明治に入り、資本家の河野氏が温泉を掘削し、温泉旅館が新築された。

　湯来温泉が発展する契機は、第2次世界大戦後の1949（昭和24）年に広島東亜興業社長の前勘一が温泉を掘削し、毎分750ℓの放射能泉を確保できたことによる。リウマチ、消化器病などによいといわれ、旅館が増加した。高度経済成長期には、広島電鉄の観光ホテルも開設されたが、現在、宿泊施設は3軒の旅館と隣接の水内川沿いにある国民宿舎1軒のみとなった。一帯には桜並木が続き、朱塗りの橋が架かった渓流に沿って和風の旅館が配置され、背後には森林が広がる自然環境には心が洗われる。初夏にはホタルが群れ飛び、カジカ蛙が鳴いて、季節感を高める。旅館は新源泉を加えて毎分1,750ℓの豊富な湯量があり、水車のある露天風呂など趣向を凝らしている。各旅館とも、特産の山の幸の「山ふぐ」（コンニャク料理）や猪鍋、鴨鍋、アユ、ヤマメ、鯉料理などを提供している。国民宿舎では、秋には松茸三昧料理を出し、広島を中心とした保養客や観光客に喜ばれている。

　湯来温泉の観光客数は、2003（平成15）年では観光客数13万人、うち国民宿舎の客は11万人でそのウエイトを高めた。しかし、宿泊客数は約4万人ほどであり、日帰り温泉地としての特性が強められている。温泉場には、素朴な半露天風の温泉元湯浴場があり、足湯も設置された。湯の神神社や温泉開発者の記念碑、浄土真宗本願寺派の善福寺、馬頭観音などの観光ポイントも点在し、保養客の散策に好適である。湯来ニューツーリズム推進実行委員会は、夏休みに格安の夜神楽体験ツアーを企画し、地域活性化を図っている。温泉地周辺には、特別名勝の三段峡をはじめ、西日本有数のオートキャンプ場でスキー場も整備された広島県立もみの木森林公園があり、宮島や錦帯橋も近い。

交通：JR山陽本線五日市駅、バス70分

②矢野　国民保養温泉地
　　　　放射能泉

　県南東部、福山と三次の中間に位置する府中市の山間の温泉地である。

この温泉地は、800年ほど前に豊成法師が諸国巡錫の折に発見したといわれる。1972（昭和47）年に国民保養温泉地に指定され、ヘルスセンターを兼ねた旅館やユースホステルも整備されている。また、春はかたくりまつり、夏のあやめまつり、秋のかかしまつりなど、イベントも多い。これらの保養客を集めるためにも温泉の安定した供給が欠かせないが、温泉ボーリングが成功して30℃の放射能泉が毎分200ℓほど自噴するようになった。

交通：JR福塩線上下駅、タクシー10分

③宮浜　放射能泉

県南西部、日本三景の宮島を望む地に、1964（昭和39）年に開設された新興の温泉地である。5軒の温泉宿泊施設が集まっており、ラドン湯は湯上がり後も温かさが持続し、健康増進によいという。和風庭園の宿は落ち着いた趣がある。広島湾に浮かぶ宮島へのアクセスはよい。

交通：JR山陽本線大野浦駅、タクシー5分

④三段峡　放射能泉

県北西部、大田川支流の柴木川源流部に形成された三段峡にある温泉地で、2軒の温泉宿が経営している。三段峡は1953（昭和28）年に国の特別名勝に指定され、13kmもの自然の造形が残された唯一の峡谷であるといわれる。

交通：広島バスセンター1時間20分

IV　風景の文化編　177

執筆者 / 出典一覧

※参考参照文献は紙面の都合上割愛
しましたので各出典をご覧ください

Ⅰ　歴史の文化編

【遺　跡】　　　　石神裕之　（京都芸術大学歴史遺産学科教授）『47都道府
県・遺跡百科』(2018)

【国宝 / 重要文化財】森本和男　（歴史家）『47都道府県・国宝 / 重要文化財百科』
(2018)

【城　郭】　　　　西ヶ谷恭弘　（日本城郭史学会代表）『47都道府県・城郭百
科』(2022)

【戦国大名】　　　森岡浩　（姓氏研究家）『47都道府県・戦国大名百科』
(2023)

【名門 / 名家】　　森岡浩　（姓氏研究家）『47都道府県・名門 / 名家百科』
(2020)

【博物館】　　　　草刈清人　（ミュージアム・フリーター）・可児光生　（美
濃加茂市民ミュージアム館長）・坂本昇　（伊丹市昆虫館
館長）・髙田浩二　（元海の中道海洋生態科学館館長）『47
都道府県・博物館百科』(2022)

【名　字】　　　　森岡浩　（姓氏研究家）『47都道府県・名字百科』(2019)

Ⅱ　食の文化編

【米 / 雑穀】　　　井上繁　（日本経済新聞社社友）『47都道府県・米 / 雑穀
百科』(2017)

【こなもの】　　　成瀬宇平　（鎌倉女子大学名誉教授）『47都道府県・こなも
の食文化百科』(2012)

【くだもの】　　　井上繁　（日本経済新聞社社友）『47都道府県・くだもの
百科』(2017)

【魚　食】　　　　成瀬宇平　（鎌倉女子大学名誉教授）『47都道府県・魚食文
化百科』(2011)

【肉　食】　　　　成瀬宇平　（鎌倉女子大学名誉教授）・横山次郎　（日本農
産工業株式会社）『47都道府県・肉食文化百科』(2015)

【地　鶏】　　　　成瀬宇平　（鎌倉女子大学名誉教授）・横山次郎　（日本農
産工業株式会社）『47都道府県・地鶏百科』(2014)

【汁　物】　　　　野﨑洋光　（元「分とく山」総料理長）・成瀬宇平　（鎌倉女
子大学名誉教授）『47都道府県・汁物百科』(2015)

【伝統調味料】　　成瀬宇平　（鎌倉女子大学名誉教授）『47都道府県・伝統調
味料百科』(2013)

【発　酵】　　　　北本勝ひこ　（日本薬科大学特任教授）『47都道府県・発酵
文化百科』(2021)

【和菓子 / 郷土菓子】 亀井千歩子 （日本地域文化研究所代表）『47都道府県・和菓子 / 郷土菓子百科』(2016)

【乾物 / 干物】 星名桂治 （日本かんぶつ協会シニアアドバイザー）『47都道府県・乾物 / 干物百科』(2017)

Ⅲ　営みの文化編

【伝統行事】 神崎宣武 （民俗学者）『47都道府県・伝統行事百科』(2012)

【寺社信仰】 中山和久 （人間総合科学大学人間科学部教授）『47都道府県・寺社信仰百科』(2017)

【伝統工芸】 関根由子・指田京子・佐々木千雅子 （和くらし・くらぶ）『47都道府県・伝統工芸百科』(2021)

【民　話】 藤井佐美 （尾道市立大学芸術文化学部教授）/ 花部英雄・小堀光夫編『47都道府県・民話百科』(2019)

【妖怪伝承】 植田千佳穂 （湯本豪一記念日本妖怪博物館館長）/ 飯倉義之・香川雅信編、常光 徹・小松和彦監修『47都道府県・妖怪伝承百科』(2017) イラスト©東雲騎人

【高校野球】 森岡 浩 （姓氏研究家）『47都道府県・高校野球百科』(2021)

【やきもの】 神崎宣武 （民俗学者）『47都道府県・やきもの百科』(2021)

Ⅳ　風景の文化編

【地名由来】 谷川彰英 （筑波大学名誉教授）『47都道府県・地名由来百科』(2015)

【商店街】 米井悠人 （福岡大学附属大濠中学校・高等学校教諭）/ 正木久仁・杉山伸一編著『47都道府県・商店街百科』(2019)

【花風景】 西田正憲 （奈良県立大学名誉教授）『47都道府県・花風景百科』(2019)

【公園 / 庭園】 西田正憲 （奈良県立大学名誉教授）・飛田範夫 （庭園史研究家）・井原 縁 （奈良県立大学地域創造学部教授）・黒田乃生 （筑波大学芸術系教授）『47都道府県・公園 / 庭園百科』(2017)

【温　泉】 山村順次 （元城西国際大学観光学部教授）『47都道府県・温泉百科』(2015)

索　　引

あ　行

赤かしわ	84
あきさかり	61
あきろまん	61
浅野家	41
足利尊氏	8
足利義昭	8
芦田川用水	63
小豆	63
小豆とぎ	139
あずまずし	100
阿刀明神社	123
アナゴめし	64
アナゴ料理	80
アビ、阿比	87
阿部家	41
阿部正弘	10
天野氏	31
海人の藻塩	95
あゆ素麺	80
アユの煮つけ	80
アユ料理	80
有地氏	31
有福氏	31
洗谷貝塚	13
泡雪	107
アンズ	72
アンセイカン	75
いが餅（いがもち）	68, 106
生口氏	31
生口島レモン谷のレモン	169
石風呂（名字）	57
和泉氏	31
イチゴ	75
イチジク	72
厳島	155
厳島神社	4, 21
厳島神社の祭礼	115
一松院	121
井永八幡神社	122
稲生物怪録	6
伊予カン	72
入船山公園	173

因島のジョチュウギク	169
上田家	42
上野総合公園のサクラ	166
うずみ	100
うずみめし	78
馬屋原（名字）	55
梅紫蘇巻	100
浦氏	32
浦島太郎	133
うるち米	61
盈進高	145
江田氏	32
海老とレモンのちらし寿司	75
エビ料理	79
エンコウ（猿猴）	139
オイガカリ	140
オイスターソース	96
大石餅	107
大久野島	172
大須賀神社	123
太田川シジミ汁	90
大歳の客	135
お好み焼き	6
小笹屋酒の資料館（竹原市）	101
おさん狐	137, 140
小奴可氏	32
小野池	63
尾道市	3
尾道商（高）	145
尾道本通り商店街	163
おのみち歴史博物館	50
おはっすん	100
音戸かえりいりこ	111
音戸ちりめん	111
音戸の瀬戸	8
音戸の瀬戸公園のヒラドツツジ	168

か　行

海軍さんの肉じゃが	83
海上自衛隊第1術科学校	50
香川氏	32
カキ（牡蠣）	6

カキ（柿）	74
かき醬油	95
カキ雑煮	79, 90
牡蠣と豚肉のレモンみぞれ鍋	76
カキの釜飯	79
カキの土手鍋	91, 100
カキの土手焼き	91
カキめし	64
柿羊羹祇園坊	107
カキ料理	78, 79
角寿司	101
加計	155
賢いママのこだわり卵	87
かしわ餅	106
片口いわし	111
亀山城	24
亀山家	42
かもち	67
カワウソ	140
かわどおり	103
川通り餅	104
管弦祭	115
神辺城	24
吉舎	155
吉川氏	32
吉川元春館跡庭園	174
吉備津神社のほらふき神事と八講祭	116
キョウチクトウ	167
清盛の日招き	135
近大福山高	145
久井稲生神社	123
草戸千軒遺跡	17
草戸千軒町遺跡出土品	20
鯨羊羹	107
熊谷氏	33
熊野筆	5, 130
呉・亀山八幡宮秋祭りの「いが餅」	106
呉市	3
呉市海事歴史科学館（大和ミュージアム）	47
呉鎮守府	10
呉中通商店街	162

180

呉の大和ミュージアム	5	しばだんご	69	梵（そよぎ／名字）	57
呉本通商店街	162	しばもち	68	**た 行**	
黒砂糖のちまき	70	渋川氏	34	帝釈峡	5, 172
クロダイの刺身	79	島家	42	帝釈峡しゃも地鶏	86
芸北高原豚	83	しまなみ海道	5, 171	帝釈馬渡岩陰遺跡	13
幻霜スペシャルポーク	83	島廻祭	115	大豆	63
けんちゃん汁	91	ジャガイモ・ネギ汁	91	大仙神社	122
原爆資料館	47	釈迦如来坐像	19	タイの潮煮	79
原爆ドーム・平和記念公園		ジャボン	75	タイの浜焼き	96
	4	縮景園	174	鯛めん	70
げんまんE	87	酒類総合研究所	101	たいめん	79
己斐	156	上下	156	平清盛	2
恋の予感	61	醸造用米	62	高杉（名字）	56
小イワシの酢醤油漬け	78	焼酎	99	高橋氏	35
小イワシの天ぷら	78	浄土寺本堂	20	多賀谷氏	35
光厳上皇	8	浄土寺本堂・多宝塔	4	タクロウ火	142
鋼製客船	2	庄原焼き	64	竹伐り爺	134
こうせん（香煎）	109	承平の乱（藤原純友の乱） 7		武田氏	35
河内（こうち／名字）	55	醤油	89, 94, 98	竹屋饅頭	108
高陽東高	146	照林坊	122	タコめし	64
香蘭茶だんご	69	食塩	89, 95	だし醤油	95
広陵高	146	植物育ち	87	狸汁	84
小エビの茶漬け	79	植物発酵食品	99	たのもさん	65, 106
呉港高	146	如水館高	147	玉浦煎餅	107
古志氏	33	ジョチュウギク	169	だんご汁	91, 92
コシヒカリ	61	白井氏	34	端午の節供の「かしわ餅」	
小ダイの酢漬け	79	不知火	72		106
このしろ汁	80	市立呉高	145	乳団子	108
コノシロ料理	80	白坊主	141	千葉家	43
小早川（名字）	56	白味噌	95	散らしずし	79
小早川氏	33	神石牛	82	鎮火祭	116
五味せんべい	86	神野悪五郎	141	ちんこんかん	65
小麦	62	酢	99	九十九（つくも／名字）	56
さ 行		スイカ	75	辻家	43
西条農（高）	146	水軍鍋	91	辻村寿三郎人形館	51
西条の酒	6	杉原氏	34	つもごりそば	84
歳の神遺跡群	14	すし	80	鶴岡八幡神社	121
SAINOポーク	83	酢ダイ	79	つるし柿	105
相片城	26	スモモ	74	鉄升（名字）	57
サクラ	165, 166	西洋ナシ	74	デビラとデビラ茶漬け	79
サクランボ	74	関ヶ原の戦い	9	デビラ料理	79
佐々木家	42	瀬戸内高	147	寺町廃寺跡	16
さちゆたか	109	後原（せどはら／名字）	57	天狗	142
沢原家	42	世良（名字）	56	戸河内刳物	128
三段峡	177	世良家	43	土びんころがし	142
山本五郎左衛門	140	千光寺公園のサクラ	165	鞆城	26
山陽高	147	仙酔島 感謝の塩	95	友田氏	35
シイ	141	崇徳高	147	鞆の浦	5, 157
宍戸氏	34	そうめんのふくさ吸い物 70		豚皇	83
猪肉のしゃぶしゃぶ	84	ソース	96, 99	とんど祭り	104
		そば	62		

索　引　181

とんど饅頭	103, 105	

な 行

長ネギとジャガイモのスープ	91
中村家	43
長屋氏	36
ナシ	74
ナツミカン	73
新高山城	29
にぎりだんご	67
肉じゃが	84
ニシノカオリ	75
西山貝塚	14
新田義貞	8
日本酒	98
日本ナシ	74
温品氏	36
沼名前御弓神事と御手火神事	116
沼隈町果樹園芸組合沼隈ぶどう直売所	76
ヌマジ交通ミュージアム	50
猫と南瓜	133
ネーブルオレンジ	71
能登原とんど	65
ノブスマ（野衾）	142
野間氏	36
乃美氏	36

は 行

梅木平古墳	16
化け猫	142
橋本家	44
羽白家	44
はだか麦	62
バタバタ	142
廿日市市	3
ハッサク	72
八反35号	62
八反錦1号	62
服部大池	63
花田植	117
羽仁氏	37
バラ	167
原田八幡神社	124
ハルカ	72
ハルミ	75
パン	99
東広島市	3
美酒鍋	100

ひな節供の「ほとぎ」	105
ヒノヒカリ	61
比婆荒神神楽	118
ヒバゴン	137, 143
姫谷焼	151
平賀氏	37
ヒラドツツジ	168
ビール	99
ひろ柿	107
広島牛	82
広島牛の料理	82
広島県立歴史博物館（ふくやま草戸千軒ミュージアム）	46
広島県立歴史民俗資料館みよし風土記の丘ミュージアム	47
広島工（高）	148
広島市	3
広島市安佐動物公園	48
広島市郷土資料館	50
広島しゃも地どり	86
広島城	27
広島商（高）	148
広島新庄高	148
広島大学工学部第三類生物工学プログラム	101
広島大学総合博物館	48
広島大豆「さちゆたか」	109
広島東洋カープ	6
広島菜漬け	96, 99
広島風お好み焼き	100, 110
広島仏壇	128
広島平和記念資料館（原爆資料館）	21, 47
広島本通商店街	161
広島焼き	69, 86
広島焼き用ソース（お好み焼き用）	96
ビワ	73
比和自然科学博物館	49
備後絣	101, 129
福島正則	9
ふくやま草戸千軒ミュージアム	46
福山琴	130
福山市	3
福山市鞆の浦歴史民俗資料館	50
福山市ばら公園・緑町公園のバラ	167

福山市ぶどう生産販売組合瀬戸ぶどう直売所	76
福山城	26
ふくやま文学館	49
福山本通商店街	162
福山元町通商店街	162
武家諸法度	9
藤井家	44
二子塚古墳	15
豚肉料理	84
淵崎焼	151
フチザル（渕猿）	143
府中味噌	94
ブドウ	73
フリーズドライ味噌（凍結乾燥みそ）	95
ブルーベリー	74
プルーン	73
平家納経	4, 19
平和記念公園および平和大通り周辺地区	172
平和記念公園のキョウチクトウ	167
干しえび	111
ほとぎ	105
ほら比べ	134
本荘神社	121

ま 行

まき	68
マダイの料理	79
松虫鈴虫	136
馬屋原氏	37
ミカン	72
みかん味噌	76
水野勝成	104
水野家	44
弥山の拍子木	143
味噌	89, 94, 98
御袖天満宮の由来	136
三ツ城公園	173
三ッ城古墳	15
三原市	3
三原城	28
三原やっさ踊	118
壬生神社	124
壬生の花田植	64
宮氏	37
宮島細工	127
宮島水族館	48
宮島の「たのもさん」	106

182

宮島焼	150	もみじ饅頭	6, 68, 86, 107	吉田郡山城	25
宮浜	177	桃	74	吉原氏	39
三次	157	森下家	44		
三次市	3	門田(もんでん／名字)	56	**ら 行**	
三吉氏	8, 38			頼(らい／名字)	56
みよし風土記の丘ミュージ		**や 行**		頼家	45
アム	47	八木用水	63	雷獣	143
みよし本通り商店街	164	保田家	45	龍燈	143
三次もののけミュージアム		ヤッサ饅頭	107	リンゴ	74
	49	矢野	176	レモン	71, 169
虫送り	64	大和ミュージアム	47	レモンそうめん	76
村上氏	8, 38	山内氏	39	レモンと豆のフレッシュサ	
むろの木	107	湯来・湯の山	175	ラダ	76
毛利一族	54	ユズ	75	六条大麦	62
毛利氏	38, 40	ゆでだんご	67	**わ 行**	
毛利輝元	8	湯之山神社	124		
毛利元就	8	ゆめまる汁	91	ワイン	99
もち米	62	ヨーグルト	99	和智氏	39
モミジ	4	吉井家	45	ワニ(鰐)料理	78, 101

47都道府県ご当地文化百科・広島県

令和 6 年 10 月 30 日　発　行

編　者　丸　善　出　版

発行者　池　田　和　博

発行所　丸善出版株式会社
〒101-0051 東京都千代田区神田神保町二丁目17番
編集：電話 (03) 3512-3264／FAX (03) 3512-3272
営業：電話 (03) 3512-3256／FAX (03) 3512-3270
https://www.maruzen-publishing.co.jp

© Maruzen Publishing Co., Ltd. 2024

組版印刷・富士美術印刷株式会社／製本・株式会社 松岳社

ISBN 978-4-621-30957-5　C 0525　　　　　Printed in Japan

JCOPY　〈(一社)出版者著作権管理機構　委託出版物〉
本書の無断複写は著作権法上での例外を除き禁じられています．複写
される場合は，そのつど事前に，(一社)出版者著作権管理機構（電話
03-5244-5088, FAX 03-5244-5089, e-mail：info@jcopy.or.jp）の許諾
を得てください．

【好評既刊 ◉ 47都道府県百科シリーズ】
（定価：本体価格3800〜4400円＋税）

47都道府県・**伝統食百科**……その地ならではの伝統料理を具体的に解説
47都道府県・**地野菜/伝統野菜百科**……その地特有の野菜から食べ方まで
47都道府県・**魚食文化百科**……魚介類から加工品、魚料理まで一挙に紹介
47都道府県・**伝統行事百科**……新鮮味ある切り口で主要伝統行事を平易解説
47都道府県・**こなもの食文化百科**……加工方法、食べ方、歴史を興味深く解説
47都道府県・**伝統調味料百科**……各地の伝統的な味付けや調味料、素材を紹介
47都道府県・**地鶏百科**……各地の地鶏・銘柄鳥・卵や美味い料理を紹介
47都道府県・**肉食文化百科**……古来から愛された肉食の歴史・文化を解説
47都道府県・**地名由来百科**……興味をそそる地名の由来が盛りだくさん！
47都道府県・**汁物百科**……ご当地ならではの滋味の話題が満載！
47都道府県・**温泉百科**……立地・歴史・観光・先人の足跡などを紹介
47都道府県・**和菓子/郷土菓子百科**……地元にちなんだお菓子がわかる
47都道府県・**乾物/干物百科**……乾物の種類、作り方から食べ方まで
47都道府県・**寺社信仰百科**……ユニークな寺社や信仰を具体的に解説
47都道府県・**くだもの百科**……地域性あふれる名産・特産の果物を紹介
47都道府県・**公園/庭園百科**……自然が生んだ快適野外空間340事例を紹介
47都道府県・**妖怪伝承百科**……地元の人の心に根付く妖怪伝承とはなにか
47都道府県・**米/雑穀百科**……地元こだわりの美味しいお米・雑穀がわかる
47都道府県・**遺跡百科**……原始〜近・現代まで全国の遺跡&遺物を通観
47都道府県・**国宝/重要文化財百科**……近代的美術観・審美眼の粋を知る！
47都道府県・**花風景百科**……花に癒される、全国花物語350事例！
47都道府県・**名字百科**……NHK「日本人のおなまえっ！」解説者の意欲作
47都道府県・**商店街百科**……全国の魅力的な商店街を紹介
47都道府県・**民話百科**……昔話、伝説、世間話…語り継がれた話が読める
47都道府県・**名門/名家百科**……都道府県ごとに名門/名家を徹底解説
47都道府県・**やきもの百科**……やきもの大国の地域性を民俗学的見地で解説
47都道府県・**発酵文化百科**……風土ごとの多様な発酵文化・発酵食品を解説
47都道府県・**高校野球百科**……高校野球の基礎知識と強豪校を徹底解説
47都道府県・**伝統工芸百科**……現代に活きる伝統工芸を歴史とともに紹介
47都道府県・**城下町百科**……全国各地の城下町の歴史と魅力を解説
47都道府県・**博物館百科**……モノ&コトが詰まった博物館を厳選
47都道府県・**城郭百科**……お城から見るあなたの県の特色
47都道府県・**戦国大名百科**……群雄割拠した戦国大名・国衆を徹底解説
47都道府県・**産業遺産百科**……保存と活用の歴史を解説。探訪にも役立つ
47都道府県・**民俗芸能百科**……各地で現存し輝き続ける民俗芸能がわかる
47都道府県・**大相撲力士百科**……古今東西の幕内力士の郷里や魅力を紹介
47都道府県・**老舗百科**……長寿の秘訣、歴史や経営理念を紹介
47都道府県・**地質景観/ジオサイト百科**……ユニークな地質景観の謎を解く
47都道府県・**文学の偉人百科**……主要文学者が総覧できるユニークなガイド